1000 EXPRESSÕES PARA FALAR INGLÊS COMO UM NATIVO

DON'T GET ME WRONG

**BRIAN BRENNAN
ROSA PLANA**

Tradução
MAGDA LOPES

martins fontes
selo martins

DON'T GET ME WRONG

© 2013 Martins Editora Livraria Ltda., São Paulo, para a presente edição.
© Difusión, Centro de Investigación y Publicaciones de Idiomas S. L., Barcelona, 2011
Esta obra foi originalmente publicada em espanhol sob o título *Don't get me wrong - 1000 expresiones en inglês para hablar como un nativo*

Publisher	*Evandro Mendonça Martins Fontes*
Coordenação editorial	*Vanessa Faleck*
Produção editorial	*Cíntia de Paula*
	Valéria Sorilha
	Heda Maria Lopes
Preparação	*Egisvanda I. A. Sandes*
Revisão	*Flávia Merighi Valenciano*
	Larissa Wostog Ono
	Pamela Guimarães
Redação	*Ester Lazaro*
Agradecimentos	*Stephen Hay, Mandeep Locham*
Produção Gráfica	*Carlos Alexandre Miranda*

Dados Internacionais de Catalogação na Publicação (CIP)
(Câmara Brasileira do Livro, SP, Brasil)

Brennan, Brian
    Dont't get me wrong: 1000 expressões em inglês para falar como um nativo / Brian Brennan, Rosa Plana ; tradução Magda Lopes. — São Paulo: Martins – selo Martins, 2013.

Título original: Don`t get me wrong
ISBN 978-85-8063-093-0

1. Inglês – Estudo e ensino   2. Inglês – Expressões idiomáticas   I. Plana, Rosa.   II. Título.

13-04686   CDD-428

Índices para catálogo sistemático:
1. Expressões idiomáticas: Inglês: Linguística   428
2. Inglês: Expressões idiomáticas: Linguística   428

Todos os direitos desta edição reservados à
Martins Editora Livraria Ltda.
Av. Dr. Arnaldo, 2076
01255-000 São Paulo SP Brasil
Tel.: (11) 3116 0000
info@emartinsfontes.com.br
www.emartinsfontes.com.br

SUMÁRIO

Apresentação... 7

Alegria ou tristeza 11
Calma ou nervosismo 13
Cansaço ou energia..19
Gente boa, gente ruim 22
Esperto, bobo ou louco...27
Otimismo ou pessimismo...................................... 30
Mesquinho ou generoso 32
Falando em dinheiro... 34
Barato ou caro 44
Orgulho ou vergonha 46
Assumir ou fugir à responsabilidade......................50
Manter ou perder o controle 53
Saúde ou doença..55
Novo, jovem, velho 57
Útil ou inútil..61
Rápido ou lento 62
Afastamento, ausência 65
Proximidade, igualdade.. 66
Muito, nada, demais 67
Fácil ou difícil..71
Igual ou diferente 74
Normal e fora do normal 77
Adaptar-se e mostrar 79
Ficar em paz.. 80
Começar e terminar 81
Ir embora ou ficar..85
Melhorar ou piorar 87
Sucesso ou fracasso 89
Verdade ou mentira 98
Saudações e despedidas....................................... 104
Cortesia ou falta de educação 109
Incredulidade, surpresa 115
Reconduzir o discurso..119
Acordos e desacordos.. 123
Persuasão, confirmação, indecisão 134

SUMÁRIO

Conselhos 137
Propostas, sugestões 140
Desculpas 144
Perdão ou vingança 145
Conclusões 149
Com franqueza 151
Trato feito 153
Características de um produto 155
Críticas e elogios 157
Possibilidade e probabilidade 162
Com pressa ou com calma 170
Esgotamento 174
Indefinição, sem especificação 178
Amor e ódio 180
Relações sociais, sexuais e amorosas 182
Mudanças 192
Coragem, ambição ou medo 196
Aguentar a situação 198
Desafios e problemas 199
Destino 205
Necessidade 208
Esperar ou agir 209
Ética e correção 215
Gostos pessoais 220
Importante ou não 225
Festejando 231
Público ou privado 236
Rumores e fofocas 242
Saber ou não saber 243
Sorte 245
Igual ou diferente 249
Expressões sobre o tempo 251
Frequência 254
Duração 255
Trabalho e desemprego 257
Provérbios e refrões 259

Índice alfabético *273*

APRESENTAÇÃO

Quantas vezes, na hora de se expressar em inglês, você teve a sensação de que nem a gramática que aprendeu (o sujeito antes do verbo, o uso dos verbos auxiliares nas perguntas etc.) nem o vocabulário que conhece o ajudou a dizer algo de forma natural e idiomática? Quantas vezes você pensou que tinha quase todos os ingredientes necessários, mas a feijoada não saiu como devia? Você conhece isoladamente as palavras *by*, *the* e, certamente, *way*; no entanto, não sabe que *by the way* significa "a propósito", "aliás", "falando nisso". Aprendeu de memória todos os nomes das relações familiares (*grandmother*, *brother-in-law*, *second cousin*, *niece* and *nephew*), mas não sabe como dizer em inglês frases tão habituais como "não me espanta", "olhe por onde anda", "não dou a mínima", ou refrães como "Agora Inês é morta" ou "Tudo está bem quando acaba bem". Parecem expressões fáceis, que anunciam muita coisa e são muito frequentes na interação cotidiana, mas você não costuma tê-las à mão quando a situação as requer.

Os livros de inglês melhoraram muito ao longo dos anos. Alguns são excelentes, mas a maioria não oferece informações sobre como combinar *do*, *make* ou *take*. **DON'T GET ME WRONG** tem por objetivo fazer com que os estudantes brasileiros aprendam as combinações, a ênfase, as frases feitas, os ditados populares, as unidades lexicais, as expressões idiomáticas, os refrães e provérbios e, por que não, as expressões do dia a dia, da linguagem oral, como algumas gírias. Nem mais nem menos. É pegar ou largar: *take it or leave it*.

Ainda, a maioria dos livros de inglês é feita para um público internacional. O mesmo livro que se vende em Bangcoc, Beirute, Berlim, Berna, Bolonha, Bratislava, Bruxelas ou Budapeste é vendido em Badajoz, Barcelona, Bilbao, Bogotá, Buenos Aires e Burgos. Por isso, é impossível oferecer traduções e explicações personalizadas e adaptadas a um tipo de leitor concreto. Por ser dirigido ao público brasileiro, **DON'T GET ME WRONG** oferece explicações adaptadas à realidade linguística brasileira, compara a língua inglesa e a língua portuguesa falada no Brasil, apresenta matizes interessantes para os brasileiros etc. As entradas também incluem informações a respeito de sua origem, sobre o estilo e o registro, matizes de significado, informações culturais importantes, sinônimos e exemplos contextualizados, sempre com um tom descontraído e, em geral, irônico.

Inglês britânico ou norte-americano? As diferenças mais importantes entre o inglês britânico e o norte-americano estão na pronúncia. Há menos diferenças entre as versões padrão dos dois países do que entre as variedades regionais e socioculturais de um mesmo país. As diferenças léxicas são poucas (não chegam a 2%), e as gramaticais, menos ainda. Em **DON'T GET ME WRONG** está indicado se determinada expressão é mais comum na Inglaterra ou nos Estados Unidos, sem se esquecer, é claro, das variantes da Austrália, do Canadá, da Irlanda ou da Nova Zelândia. Também está indicado se seu uso é típico de apenas um país – por exemplo, Irlanda. Entretanto, a intenção deste guia é oferecer frases e expressões que podem ser utilizadas em âmbito internacional.

Como está organizado o livro? Dentro do possível, procuramos agrupar as frases e expressões em grandes temas e áreas funcionais ou semânticas: "Alegria ou tristeza", "Cortesia ou falta de educação", "Conselhos", "Amor e ódio", "Sucesso ou fracasso" etc. Nessas divisões, na maioria dos casos, há seções que organizam as locuções. Uma última observação: foi usado aqui o recurso do asterisco (*) para indicar as locuções próprias da linguagem vulgar.

Bem-vindo ao **DON'T GET ME WRONG**!

O EDITORIAL

DON'T GET ME
WRONG

OVER THE MOON

ALEGRIA OU TRISTEZA

alegria

(to be) blown away
(estar) louco de contente
over the moon
no sétimo céu
thrilled to bits
empolgado

Três expressões para descrever um estado de máxima alegria. A primeira é a mais atual e a terceira é a mais antiga: é o que diria, por exemplo, uma avozinha inglesa quando seu neto lhe envia um postal de Benidorm.

- —How do you feel about being named coordinator for the Social Sciences Department?
  —I'm **over the moon**, especially considering how inexperienced I am compared to some other people here.

(to be) happy as a sandboy
happy as Larry
happy as a cloud
extremamente feliz
feliz da vida

happy as a clam at high water
mais feliz que pintinho no lixo

Em sentido literal, a primeira expressão fala de como eram felizes os meninos londrinos que vendiam areia no início do século XIX (desconhece-se o porquê de tanta alegria); a segunda reflete a felicidade de um tal Lawrence; a terceira é a mais usual. A quarta é uma versão norte-americana.

- —How's Maria José?
  —**Happy as Larry**, she says. She loves her job in the Creative Department.

make my day
me dá uma alegria
acaba com o meu dia

É usada no imperativo e no passado, e geralmente em tom irônico (segunda tradução).

- —I'm afraid I've got some news for you.
  —Go on, **make my day**.

tristeza

(to feel) down in the dumps
estar triste
estar caído
estar para baixo

Esta expressão existe em inglês desde o século XVI, quando *in the dumps* se referia a um estado de confusão. Hoje é coloquial e usada principalmente com crianças.

○ Why are you feeling **down in the dumps**? Is it because of something at school or at home?

(to be) in the doldrums
estar com a moral baixa
estar abatido

The doldrums é um termo náutico do início do século XIX que se refere à zona de calmarias equatoriais. Hoje em dia é usado para expressar melancolia, uma onda de má sorte ou qualquer tipo de depressão.

○ —How's Dani?
—Hmm... **In the doldrums** at present, still looking for a job and wondering about her future.

(to be) sad-assed*
estar de bode
estar triste

Expressão muito informal utilizada nos Estados Unidos e que ainda não cruzou o Atlântico. Embora *ass* signifique "cu", aqui isso não diz muito, porque *sad-assed* significa "triste" ou "deprimido". Quando se fala de um lugar, como no exemplo abaixo, indica sordidez ou mediocridade.

○ That is one **sad-assed** town! No way am I gonna go there again.

CHILLED OUT

calma

CALMA OU NERVOSISMO

after a storm comes a calm
depois da tempestade vem a bonança
the calm after the storm
depois da tormenta vem a calmaria

Duas formas do mesmo provérbio, que existe também em português. Há pouca diferença entre as duas: a primeira é usada como uma reflexão geral e filosófica; a segunda descreve um determinado momento.

- My partner and I quarrel occasionally, but we think that's quite normal, and then of course there's always **the calm after the storm**.

(to be) calm and collected
manter o sangue frio
(to be) unfazed
ficar como se nada tivesse acontecido

Calm and collected expressa um grau de tranquilidade admirável, uma atitude estoica e, inclusive, heroica, em uma situação na qual o normal seria se descontrolar. Também é muito habitual dizer *cool, calm and collected*. *Unfazed* significa o mesmo, porém é mais coloquial e muito mais atual.

- 1) It was an angry press conference that greeted the coach after the team were eliminated from the competition, but he remained **cool, calm and collected** as he answered questions and tried to explain the poor performance.

  2) She was quite **unfazed** when quizzed by the media about the drugs police found in her car.

to calm down
acalmar-se
to settle down
voltar à normalidade

Dois verbos com um significado parecido: acalmar-se depois de um momento de nervosismo ou agitação. *Calm down* é muito usado no imperativo para pedir a alguém que se tranquilize.

O After the devastating earthquake, 7.1 on the Richter scale, it took this peaceful New Zealand city several days to **settle down** again.

to loosen up
to unwind
to chill out
relaxar
chilled
relaxado

Três verbos com um significado parecido, e um adjetivo (*chilled*). *Loosen up* faz referência, literalmente, aos exercícios de relaxamento que os atores fazem antes de ensaiar ou de atuar, mas é usado também em um sentido geral. *Unwind* normalmente não é usado pelos jovens, que preferem *chill out*. *Wind up* significava, literalmente, esticar a corda de um relógio daqueles antigos, e o contrário de *unwind*. Quanto a *chill*, seu significado literal é "esfriar" (diz-se *serve chilled*, por exemplo, para recomendar que um vinho seja servido bem frio). Pode-se descrever um ambiente como *chilled* com o sentido de "tranquilo", "relaxado". Há trinta anos, esse mesmo ambiente teria sido descrito como *cool*. Atualmente, *cool* significa "ótimo".

O —What did you do over the holiday, Mandeep?
—I just **chilled out**; I really needed to after working so hard on my Master's for two years.

peace and quiet
tranquilidade

Expressão que descreve a ausência de ruído e algazarra. É construída com os verbos *have* ou *need* e pode-se acrescentar *some* ou *a bit of* logo antes de *peace and quiet*.

○ —Your house is always so quiet.
—I teach in a primary school; at home I need a bit of **peace and quiet**.

stiff upper lip
manter a classe
manter a compostura

Esta é uma expressão muito interessante, usada quando, apesar de se encontrar numa situação adversa e complicada, a pessoa mantém a classe. Vem dos tempos do império britânico. Quando a coisa ficava feia, era recomendável evitar um tremor no lábio superior, algo que costuma acontecer quando uma pessoa fraqueja ou fica nervosa. O curioso é que se originou nos Estados Unidos, e não na Grã-Bretanha: apareceu pela primeira vez em *A cabana do pai Tomás* (1852), romance seminal na luta contra a escravidão nos Estados Unidos. Hoje em dia, só se emprega por seu efeito cômico. É utilizada principalmente no imperativo.

○ —But sir, there are over two thousand of them, and only two hundred of us!
—**Stiff upper lip**, corporal!

nervosismo

(to be) beside oneself with anger
estar fora de si

Uma expressão mais culta ou literária que reflete o aborrecimento ou a raiva de alguém.

○ I was **beside myself with anger** after I read the letter from her lawyer.

(that really) gets me going
me tira do sério
sets my alarm bells ringing
deixa meus nervos à flor da pele

Duas expressões para indicar que alguém explode por algum motivo. A primeira também pode ser usada no sentido positivo, dependendo do contexto, do tom de voz, do olhar etc.: "fico a mil", "fico enlouquecido", "fico uma fera". São expressões informais, mas não vulgares. Obtém-se outra versão começando a frase assim: *That's one thing that really...*

- When I hear people talking about cutting my salary and putting up income tax, well **that really sets my alarm bells ringing**.

(that really) gets my back up
me deixa maluco
me deixa completamente fora de mim

É o que diria alguém que ficou furioso por alguma razão (incluindo uma dose de agressividade). Literalmente, faz referência a curvar as costas, ou seja, expressa uma reação instintiva e animal. É informal, mas não vulgar. Como no caso anterior, obtém-se outra versão começando a frase por *That's one thing that really...*

- He **gets my back up** with his sarcastic comments all the time.

(that really) gets my goat
gets on my wick
gets up my nose
ficar pirado
ficar furioso
ficar doido

As três expressões revelam a insatisfação do interlocutor por algo que o deixa nervoso. Na primeira, a referência à cabra (*goat*) não é casual. A segunda só é usada no inglês britânico. As três são informais, mas não vulgares. *That's one thing that really...* também pode ser aplicada nestes três casos.

- It really **gets up my nose** the way she always thinks she needs to remind you four times that you have to do something.

(that really) gets on my nerves
me dá nos nervos
drives me up the wall
me faz subir pelas paredes

Estas duas expressões são utilizadas principalmente para indicar que não suportamos alguns hábitos de outras pessoas.

○ What **really gets on my nerves** is the way you never ever switch off a light when you leave a room.

to get out of bed on the wrong side
levantar com o pé esquerdo

Diz-se quando, num determinado dia, nada dá certo. É também uma expressão diplomática, para descrever alguém que parece ficar aborrecido durante todo o dia.

○ What's wrong with you today? Did you **get out of bed on the wrong side**?

to go ballistic
to go nuclear
to go bananas
ficar furioso
ficar completamente louco

As três expressões são utilizadas indistintamente quando alguém fica fora de si por causa de um aborrecimento. A origem das duas primeiras remonta à Guerra Fria.

○ Oh shit! Dad **will go nuclear** when he finds out about this!

in the heat of the moment
no calor do momento

Diz-se quando, depois de uma discussão acalorada ou em um momento de exaltação, uma pessoa reflete e quer esclarecer que determinados gestos ou palavras foram frutos do nervosismo.

○ It happened **in the heat of the moment**, and it doesn't necessarily mean that that's my opinion of him.

to lose one's rag
perder as estribeiras
explodir

Com esta expressão, dá-se a entender que a pessoa se aborreceu tanto que talvez tenha chegado a se descontrolar. É usada, principalmente, para descrever situações pontuais.

- Oh, I really **lost my rag** the other day. I was on the metro and this woman with a baby was trying to rob me! I caught her hand as it went into my pocket, and I shouted: "What are you doing!", which is a bit silly because it was obvious.

(to be) miffed
ficar ofendido
sentir-se insultado
sentir-se menosprezado

Implica que a pessoa que fala ficou ofendida, e que esssa ofensa que atingiu seu orgulho. O normal, quando alguém se sente *miffed*, é ficar calado com a cara que todos ficamos quando nos sentimos ofendidos.

- Is something wrong? Why are you so **miffed**? Is it something I said? Is it something I did? Is it something I didn't do? Is it something I didn't say?

(to be) pissed off*
(estar) de mau humor
(estar) por aqui
(estar) zangado
(estar) puto

Diferentemente do caso anterior, quando uma pessoa está *pissed off*, não costuma ficar calada. Cuidado, porque *piss off* pode ser utilizado no imperativo, no sentido de "vá para o inferno!" ou "deixe-me em paz!". Além disso, embora *pissed off* na Grã-Bretanha signifique "zangado", nos Estados Unidos se diz somente *pissed*, que no inglês britânico significa "bêbado". (Ver *to piss off.*)

- I've been waiting here for you for one hour! I'm **pissed off**! Didn't we say nine o'clock? And why is your mobile switched off?

FULL OF BEANS

CANSAÇO OU ENERGIA

cansaço

(to be) done in
estar exausto
estar pregado

Expressão informal que expressa um cansaço pontual, principalmente depois do trabalho. A ênfase é colocada em *done* e *in*.

- —How was work today?
  —Awful; we had customers coming in non-stop all day. I don't think I sat down once. I'm **done in**.

(to be) done to death
estar esgotado
estar cheio
estar repetitivo demais
ser mais do mesmo

É usada quando uma pessoa está cansada de alguma coisa que já viu mil vezes. Utiliza-se geralmente para falar de arte (cinema, teatro, pintura etc.), em que às vezes falta originalidade.

- You might think "Oh, not another film about the Holocaust!" Hasn't this subject **been done to death**?, but you'd be wrong to miss this powerful new film by...

to hit the sack
to hit the hay
cair na cama
ir para os braços de Morfeu

Duas maneiras informais para dizer que alguém vai dormir. Literalmente, *to hit the sack* significa "cair sobre o saco" e *to hit the hay*, "cair contra o feno", o que indica a origem rural destas duas expressões.

- Shit, is that the time? I think we'd better **hit the sack**, don't you?

(to be) pooped
(estar) esgotado
(to be) knackered*
(estar) morto
(estar) acabado
(to be) shagged out*
(estar) em frangalhos

As três expressões significam relativamente a mesma coisa, mas *pooped* é mais *polite*, em geral dita pelas mocinhas dos seriados norte-americanos que vão ao ar à tarde. *Knackered* e *shagged out*, por sua vez, seriam utilizadas em um horário mais apropriado a adultos; além disso, provêm do inglês britânico e irlandês. *Knackered* vem de *knacker's yard*, o lugar em que eram sacrificados os animais velhos, cuja carne não estava destinada ao consumo. Portanto, se alguém estava *ready for the knacker's yard*, significa que já estava acabado e não prestava mais. Quanto a *shagged out*, pode sugerir cansaço derivado de uma atividade sexual frenética.

○ —And how are you tonight, love?
   —Absolutely **knackered**.
   —You mean **pooped**, I think, darling.
   —Do I?

energia

(to get/give/have) a new lease of/on life
(ter) um novo motivo para viver
(ter) um novo estímulo na vida

Lease é um tipo de contrato de aluguel. É uma metáfora que Shakespeare, às vezes, utilizava. Esta expressão tem sentido mais literal perante um transplante de órgãos: o receptor sente que a vida está lhe dando uma segunda chance. É usada diante de qualquer mudança ou melhoria que proporcionará uma vida mais longa ou mais alegre àquele que a leva com dificuldade. Na Grã-Bretanha, diz-se *a new lease of life*; nos Estados Unidos, *a new lease on life*.

○ —Marrying that Russian girl 20 years younger than him seems to have given him **a new lease of life**, don't you think?
   —Something like that.

CANSAÇO OU ENERGIA

and still going strong
e continua arrasando

É usado para expressar surpresa e, principalmente, admiração por algo ou alguém que continua dando certo depois de muito tempo. Costuma ser colocado no final da frase, e pode-se ou não acrescentar o sujeito: *and (he's/ she's) still going strong*. Coloca-se a ênfase em *still*.

- ... and here's a video clip from the latest live album from the Rolling Stones, founded in 1962, yes, 1962!, **and still going strong**.

(to be) full of beans
transbordar de energia
estar com a corda toda

É sabido que comer favas dá muita energia (entre outras coisas), por isso, se alguém está "cheio de vigor", está pilhado. Nos Estados Unidos, é utilizado com um significado bem diferente: "mentir compulsivamente", "ser um mentiroso".

- God, **you're full of beans** today: have you been taking something?

(to be) raring to go
não estar se aguentando
estar louco pra começar
não ver a hora

Expressão parecida com *full of beans*, mas com uma diferença: embora a pessoa esteja cheia de energia, ainda não começou a agir.

- With this year's Tour de France about to begin, let's look at some of the teams that are **raring to go**. First, Euskadel-Euskadi.

to set the world on fire
arrebentar a boca do balão

Alguém com tanta energia e paixão que vai "tocar fogo no mundo"; normalmente, caracteriza-se como um elogio.

- When you're young of course you think that you're going **to set the world on fire**, but when you get to my age...

A KNIGHT IN SHINING ARMOUR

gente boa

GENTE BOA, GENTE RUIM

(it) couldn't have happened to a nicer bloke/person
ele/ela merecia
não podia ter acontecido com alguém melhor

Esta expressão é usada para demonstrar alegria porque uma boa pessoa teve um golpe de sorte. Em inglês britânico informal, *bloke* é equivalente a "cara", em português. Curiosamente, não há uma versão feminina: para uma garota, diz-se *person*. Às vezes é usada com ironia, quando alguém mereceu algo ruim que tenha lhe acontecido.

- I hear Ed has just won 150,000 € on the lottery. **Couldn't have happened to a nicer bloke!**

guardian angel
anjo da guarda
a knight in shining armour
salvador da pátria
príncipe encantado

A primeira se refere a uma pessoa que salva alguém em um determinado momento. *A knight in shining armour*, por fazer referência ao ideal cavalheiresco, é usada apenas para homens. Em um sentido mais romântico, pode ser traduzida como "príncipe encantado".

- So there we were, no petrol, cold, wet and completely lost in the middle of nowhere, and then this **knight in shining armour** appears out of nowhere in a Volvo and solves all our problems in 20 minutes.

to have a heart of gold
ter um coração de ouro
ter um bom coração
ser generoso

Não tem relação alguma com o dinheiro, e sim com a bondade, o carinho ou a generosidade que há no coração da pessoa.

- I know she can give the impression at times that she's a difficult person, but she really does **have a heart of gold**, you know.

(one's) heart's in the right place
ser uma boa pessoa
ser bondoso

Não tem a ver com a localização do coração, mas com a bondade que existe nele.

- —What she said about the project was really stupid, and offensive!
  —Well, I know what you mean, but her **heart is in the right place**.
  —Is it? Well I can tell you that her head isn't!

(to be) a real catch
(ser) um bom partido

Faz referência a uma pessoa que está solteira e que, além disso, tem dinheiro, ou um bom emprego, ou uma ótima casa, ou de tudo um pouco. A expressão provém do mundo da pesca.

- She's got everything; brains, beauty, money... and oh, yes, a wonderful personality; she's **a real catch**.

(the) salt of the Earth
íntegro
simples e honrado
um poço de virtudes
uma pessoa para ninguém botar defeito

Uma referência bíblica (Mateus 5:13) do sermão da montanha, atualmente utilizada para descrever aquelas pessoas que são exemplos de bondade, simplicidade, generosidade, honradez etc.

- And this photo is Ana, who used to work here. Wonderful person, **the salt of the Earth**.

gente ruim

(to be) bad news
não traz nada de bom
não é boa coisa
não é coisa que valha a pena

Utiliza-se principalmente para se referir a pessoas, mas também pode se referir a um lugar (por exemplo, um departamento específico de uma empresa) que convém evitar.

- I wouldn't go near her; she's **bad news**.

a fair-weather friend
amigo de conveniência
pessoa interesseira

Fair weather significa "bom tempo", e esta expressão descreve alguém que só é seu amigo quando as coisas vão bem.

- I did warn you, didn't I, about your **fair-weather friends**? Now look at the mess they've left you in.

his bark's worse than his bite
cão que late não morde

Há cães, principalmente os pequenos, que latem (*to bark*) como condenados, mas não causam medo. Este ditado significa o seguinte: há pessoas que falam muito, geralmente em tom ameaçador, mas, na hora H, são inofensivas.

- —Don't worry about the manager; he talks as if he's a dictator, but it's only for the sake of appearance.
  —So **his bark's worse than his bite**, eh?

GENTE BOA, GENTE RUIM

a kick in the teeth
humilhar ainda mais quem já foi humilhado

Dar um pontapé nos dentes de uma pessoa que já está no chão é muito humilhante. A expressão completa é *to give someone a kick in the teeth*.

- There was no need to say that to him. Couldn't you see the state he was in? Do you think he needed **a kick in the teeth**?

(to be) a pain in the arse/ass/butt*
(ser) um pé no saco

A pain in the arse é utilizada no inglês britânico, e as outras duas variantes são do inglês norte-americano. Tanto *arse*, no Reino Unido, como *ass* e *butt*, nos Estados Unidos, significam "cu". Certamente, sempre será mais educado substituí-lo por *neck* (ver a entrada seguinte).

- Know what you are? You are **a pain in the ass**, sister!

(to be) a pain in the neck
(ser) uma chateação

Expressão informal usada para descrever uma pessoa ou uma situação que aborrece muito, principalmente durante um período longo. No inglês norte-americano, diz-se *to be a pain*.

- Having to wait around all day for the electrician to come is **a real pain in the neck**.

(it) takes all sorts (to make a world)
há de tudo neste mundo

Significa dizer algo como "ainda bem que nem todo mundo é assim". Costuma-se omitir as últimas quatro palavras. Também é habitual acrescentar *doesn't it?* ao final.

- —Some of the people in the pub were really quite rude.
  —Well, **it takes all sorts**, doesn't it?

he thinks he's God's gift to women
ele se acha um presente dos deuses
ele se acha

Descrição de um sujeito arrogante e convencido de que atrai as mulheres. Costuma-se dizer em tom ofensivo e, às vezes, é reduzida a *he thinks he's God's gift*.

○ —So what did you think of your date last night?
—Not much; **he thinks he's God's gift to women**; I won't be seeing him again.

he/she thinks the world owes him/her a living
ele(a) acha que pode tudo
ele(a) se acha o máximo
ele(a) se acha melhor que todo mundo

Esta expressão costuma ser dita em tom ofensivo para descrever uma pessoa arrogante, que se acha melhor que as demais (por seu nome, seus títulos acadêmicos etc.) e que não pensa em arregaçar as mangas e trabalhar.

○ —So what did you think of that last candidate for the job?
—Well, **he thinks the world owes him a living**. Let's see if we have any normal people waiting.

(all) sweetness and light
(ser) todo amabilidades

Muitas vezes, esta expressão é usada em tom irônico, para duvidar da amabilidade excessiva de outra pessoa.

○ So he left his wife, went off for two years with this other woman, then asked her to take him back, and she did, and now it's all **sweetness and light**.

ON THE BALL

esperto

ESPERTO, BOBO OU LOUCO

(to be) on the ball
ser rápido
ser um azougue

(to be) quick on the uptake
pegar tudo no ar
pegar tudo na hora

Expressões usadas para descrever uma pessoa que possui raciocínio rápido ou que age dessa maneira em um momento específico. A primeira expressão origina-se do futebol (aquele que está com a bola controla o jogo). A segunda é o contrário de *slow on the uptake* e é usada para se referir a alguém que capta tudo com muita facilidade.

○ —Make sure the kids are ready to leave by half-past seven.
—They will be. The alarms are set, the bags are packed, and they're going to bed especially early.
—Good to see you're **on the ball**.

to not miss a trick
não lhe escapa nada
(to be) nobody's fool
(to be) no fool
não ser nem um pouco bobo
não ser bobo nem nada

São expressões muito úteis para falar de pessoas perspicazes e mentalmente ágeis.

○ —I thought he was very good at the press conference, the way he handled those questions.
—I couldn't agree more. He's **nobody's fool**.

(to be) onto something
estar a par

Expressão concisa e bastante atual para indicar que uma pessoa está a par de algo.

○ —Can I pass on to you some info about a campaign about human rights in Sudan?
—It's okay, I'm already **onto it**.

to read between the lines
ler nas entrelinhas

A ênfase é colocada em *read* e *lines*.

○ It seems as though she's quite content with her new situation, but if you **read between the lines** I think she's asking for help.

you got up early this morning, didn't you?
você está esperto hoje, hein?

Expressão irônica usada para elogiar a agilidade mental de alguém em um momento específico. Admite mudanças de pronomes.

○ —I've said it before, and no doubt I'll have to say it again, when you ask me the same questions next time because you've forgotten what I said.
—Hmmm... **you got up early this morning, didn't you?**

bobo

(to be) a bit slow on the uptake
thick as a brick
two vouchers short of a pop-up toaster
to have shit for brains*
estar um pouco lento
ser burro como uma porta
ter merda na cabeça

Quatro maneiras de expressar que alguém tem pouca inteligência. *A bit slow on the uptake* é a mais diplomática e pode se referir a um estado mais provisório. A mais criativa é a que diz que faltam dois vales para a pessoa conseguir uma torradeira. A última, só para casos extremos.

○ Would you mind repeating what you said about how to do a disk defragmentation? I'm **a bit slow on the uptake** today.

the lights are on but there's nobody home
ser totalmente tapado

É uma expressão muito descritiva e cruel.

○ Poor Brenda! Nice person and all that, but when you talk to her for more than 30 seconds you realise that **the lights are on but there's nobody home**.

ESPERTO, BOBO OU LOUCO

more fool you!
que tonto(a)/bobo(a)/idiota!
como você é tonto(a)/
bobo(a)/idiota!
não acredito que você fez/
disse isso!

Existem versões com *him/her* e *them*, mas não com *me* nem com *us*, curiosamente.

- —After two months of being together, I found out that he was married!
  —**More fool you!**

louco

(to be) mad as a hatter
mad as a sack of frogs
ter um parafuso a menos
estar meio biruta

Quem conhece o mundo de Lewis Carroll, sabe que o Chapeleiro (*hatter*) era louco. De fato, na época vitoriana, as substâncias químicas utilizadas nos chapéus para colar o feltro supostamente faziam as pessoas ficarem meio birutas. Vem daí a primeira expressão.

- —How was Wendy when you saw her?
  —As pleasant as ever, but **mad as a hatter**.

(as) mad as a March hare
doido de pedra
louco de pedra

Aqueles que são do interior certamente conhecem o comportamento amalucado das lebres (*hares*) em março, época de acasalamento.

- When you were young, you used to be **as mad as a March hare**, but look at you now; you're the pillar of respectability. What happened?

(to be) stark raving mad
(to be) out of one's tree
estar totalmente louco(a)
estar pirado(a)
estar lelé

As duas expressões são informais, principalmente a segunda.

- You want to go to Marrakech in August? Are you **stark raving mad**? You know how you suffer in the heat.

UPBEAT, DOWNBEAT

OTIMISMO OU PESSIMISMO

otimismo

(in the) best-case scenario
na melhor das hipóteses

Quando, em qualquer conjetura sobre o futuro, pesamos várias situações ou prováveis resultados, e o melhor é este.

○ In the **best-case scenario**, we'll be able to reach the trapped miners in 48 hours.

the light at the end of the tunnel
a luz no fim do túnel

Uma expressão muito útil para os otimistas.

○ We've been in recession for a while now but I can confidently say that we're starting to see **the light at the end of the tunnel**.

upbeat
otimista

Há muitas palavras que expressam otimismo, porém um dos adjetivos mais úteis é este. Provém do mundo do jazz e era usado para descrever um ritmo rápido e enérgico. *Beat*, que significa "ritmo", deu seu nome à *beat generation* (um grupo de escritores norte-americanos da década de 1950: Kerouac, Ginsberg etc.) e, é claro, a um quarteto muito conhecido de Liverpool.

○ —Remember, when they come through that door in two minutes, be **upbeat** about everything now and for the foreseeable future. Got it?
—Got it!

pessimismo

doom and gloom
pessimismo
absolutamente sombrio

Um adjetivo duplo muito apreciado nos meios de comunicação, na política, no esporte, no comércio, nos mercados financeiros etc. e, inclusive, nas relações pessoais, quando as coisas não vão muito bem.

- The manager told all the staff that there would be a pay freeze for the year, having prepared them for it with a report on the previous financial year that was all **doom and gloom** for the company, despite everyone's good work.

downbeat
pessimista

O contrário de *upbeat*. Também surgiu do jazz, em que era usado para descrever, ao contrário de *upbeat*, um ritmo lento e melancólico.

- Trading today on Wall Street was rather more **downbeat** than expected. We're going there live to ask brokers what's going wrong.

(in the) worst-case scenario
na pior das hipóteses
se as coisas correrem mal

O contrário de *(in the) best-case scenario*.

- It is our belief that, in the **worst-case scenario**, we'll be able to reach the trapped miners in 10 days. In the meantime, we can try to get food and water to them to keep them alive.

LET'S SPLIT THE BILL, SHALL WE?

MESQUINHO OU GENEROSO

(to be) generous to a fault
ser generoso em excesso
kindness itself
ser a generosidade em pessoa
generosity itself
ser a bondade em pessoa

Estas expressões eram muito usadas antigamente para descrever a extrema generosidade de uma pessoa, embora não seja raro encontrá-las atualmente. *Generous to a fault* indica tal grau de generosidade que chega a parecer um defeito. Nas duas outras, *kindness* e *generosity* não são exatamente sinônimas, mas são frequentemente empregadas como se fossem.

- —Thank you for everything; you've been **kindness itself**.
  —Think nothing of it.

(to be) mean
(ser) mesquinho
tight
(ser) avarento
tight-fisted
(ser) sovina
stingy
ser pão-duro

Quatro adjetivos para definir aqueles que não gastam nem um tostão, sendo *stingy* um pouco mais informal. É preciso levar em consideração que, nos Estados Unidos, *mean* não significa "mesquinho", e sim "cruel".

- —If there's a British joke that has a Scot in it, he's usually there to be **tight-fisted**.
  —Oh, really? In our country it's normally a Catalan.
  —Where on Earth do these stereotypes come from?
  —Good question, but perhaps Who perpetuates them? is a better question.

MESQUINHO OU GENEROSO

it's on me
esta é minha
it's my shout
esta rodada é minha
it's on the house
esta é por minha conta
esta é por conta da casa

Duas maneiras de expressar a mesma ideia (de que bancaremos algo), e uma terceira, *it's on the house*, que difere um pouco das primeiras, já que também pode ser o dono do local quem vai bancar. A primeira é mais generalizada, e a segunda vem da Austrália e da Nova Zelândia, embora esteja se expandindo. É preciso levar em conta que *to invite*, em inglês, expressa que uma pessoa quer que o interlocutor o acompanhe para comer ou beber, mas não significa necessariamente que vai pagar a conta.

○ —I'll pay for this one.
—No way, this one**'s on me**.
—Oh, thanks a lot.

(to be) open-handed
(ser) mão-aberta
(ser) generoso
(ser) atencioso

Não indica somente generosidade em relação ao dinheiro, mas também na hora de dar uma informação, ou simplesmente quando se trata de honestidade.

○ Gail's very **open-handed**; you can ask her for anything and she'll give it to you.

cada um paga o seu

to go Dutch
cada um paga o seu
to split the bill
rachar a conta

Pelo visto, os holandeses têm fama de ser mão-fechada! A primeira expressão é utilizada principalmente na forma de sugestão, com partículas como *why don't we, shall we* etc., e é mais característica do inglês britânico que do norte-americano. A segunda é mais internacional.

○ —Shall we **split the bill**?
—Oh, good idea.

FLAT BROKE

FALANDO EM DINHEIRO...

economizar

look after the pennies and the pounds will look after themselves
poupe hoje para ter amanhã

Refrão que pretende inculcar o sentido da economia entre os jovens, por isso a menção aos *pennies*.

- —What's the best advice you could give someone about looking after their money, Minister?
  —My father used to say to me: **Look after the pennies, and the pounds will look after themselves**. I can't improve on that.

to save (something) for a rainy day
nunca se sabe como será o dia de amanhã
guardar/poupar para o futuro

Expressa a ideia de economizar hoje para ter nos momentos de dificuldade.

- When my grandfather died and left us some money, my brother bought a new car, my sister went on a cruise in the South Pacific, and I decided not to touch it and **save it for a rainy day**. You never know.

to squirrel (money/something) away
guardar um dinheirinho debaixo do colchão

Os esquilos (*squirrels*) têm fama de saber guardar alimentos durante o verão para poder sobreviver ao longo inverno, assim como as poupadoras formigas espanholas. Portanto, *to squirrel away* constitui uma homenagem (não isenta de humor) a esses animais afetivos e peludos.

> —A lot of people I know are worried about their retirement, about having enough money to live on.
> —Not you though?
> —Well, me too, in fact. I have a bit **squirrelled away** of course, but I don't know if it'll be enough to live on.

waste not, want not
quem poupa sempre tem

Este provérbio, que existe em inglês desde o século XVIII, é usado principalmente em tempos de escassez. Aqui, *want* significa tanto "faltar" como "desejar".

> Don't throw away the water that you've used to boil the vegetables in; use it to make soup. **Waste not, want not**.

gastar

money slips through one's fingers
o dinheiro escapa entre os dedos
ser um gastador

Aplicada ao dinheiro, esta expressão indica uma pessoa cujas moedas não duram em sua mão. Também se aplica a algo que uma pessoa não consegue alcançar, como uma oportunidade, ou, mais literalmente, a bola por um goleiro de futebol.

> —Now that you have more responsibilities in life, you'll need to make sure that **money doesn't slip through** your **fingers** anymore.
> —I know!

no expense (was/has been/will be) spared
sem pensar nos gastos
sem pensar em economizar
não importa o preço/valor
não importam os gastos

Algo é tão importante que estamos dispostos a gastar qualquer coisa para consegui-lo.

O And this is the final plan for a massive new desalination plant we're designing for Qatar. As you can imagine, **no expense has been spared** for this project.

retail therapy
permitir-se um capricho
to go on a spree
esbaldar-se nas compras

A primeira expressão representa a ideia de levantar o ânimo indo fazer compras, como a protagonista da famosa série *Sex and the City*.

O **She goes on a spree** twice a year, when her royalties cheque comes in.

to spend like a sailor
to spend like there's no tomorrow
gastar como se o mundo fosse acabar amanhã
to have a hole in one's pocket
estar com o bolso furado

A primeira expressão vem dos tempos antigos, quando os marinheiros não necessitavam de seu dinheiro em alto-mar; então, quando desembarcavam em terra, começavam a gastar feito loucos. A segunda é muito descritiva, e a terceira é quase igual em português e muito parecida com a expressão *money slips through one's fingers*.

O —How come you're **spending like there's no tomorrow**?
—How come you're asking?

ganhar

a cash cow
uma vaca leiteira
uma galinha dos ovos de ouro

a money spinner
uma mina de ouro

Estas expressões são usadas para descrever um produto ou serviço que gera muito dinheiro continuamente. Refere-se também ao fato de não demandar grandes custos de produção.

- Believe me, this product is going to be a real **money spinner**, provided that you get in early.

(to be) on the gravy train
ganhar uma fortuna
ganhar uma grana preta

Gravy é o molho espesso, escuro e quente que se obtém quando se assa a carne. Sem carne, não há *gravy*. E se uma pessoa não tem dinheiro para comprar carne, certamente não obterá *gravy*. Esta expressão significa ganhar muito dinheiro, às vezes por meio de algo ilegal.

- His father set him up with his contacts as soon as he was out of university, so he was **on the gravy train** by the time he was in his mid-20s.

to have money to burn
estar podre de rico
ter dinheiro a rodo
nadar em dinheiro

money is no object
dinheiro não é problema

To *have money to burn* é uma expressão muito clara: uma pessoa tem tanto dinheiro que pode queimar quantas notas quiser sem que isso afete sua economia. *Money is no object* expressa o mesmo, porém de maneira mais modesta.

- When they approached our company to submit a design for a five hectare hotel and leisure complex in Marbella, it seemed that they had **money to burn**.

to have a windfall
o dinheiro cai do céu

Literalmente, evoca a fruta que o vento faz cair da árvore e que, portanto, sai de graça para quem a encontra. Hoje em dia, um *windfall* é um lucro inesperado e fácil: um prêmio da loteria, uma herança imprevista etc.

- —Pack your bags for a week's holiday, honey. We've just **had a windfall**.
  —What have you done? Sold the kids?
  —No. Had a bit of luck on the horses.

to kill the goose that lays the golden eggs
matar a galinha dos ovos de ouro

A fábula de Esopo conta a história de um homem que tinha uma galinha (na tradução inglesa, um ganso) que punha um ovo de ouro todos os dias. O avarento matou a galinha e, assim, foram-se os ovos.

- The reason that so many people want the chocolates that we make is because there's a home-made, hand-made element to them. When people come to the shop, they have a coffee in the bar while they're waiting, and they often buy cakes and croissants too. If we industrialize our production, don't you see that that will be **killing the goose that lays the golden eggs**?

to make a fast buck
ganhar dinheiro fácil
ganhar uma bolada

to make a killing
forrar-se
encher-se de grana

to rake it in
juntar (uma fortuna)
ganhar dinheiro a rodo

Três expressões que servem para indicar alguns suculentos lucros. A primeira sugere, principalmente, que o dinheiro foi obtido a curto prazo e sem se preocupar muito com os escrúpulos (*buck* é o termo informal para "dólar"). *To rake it in* significa, literalmente, que será necessário um rodo para juntar todo o dinheiro que foi sendo poupado. Usa-se muito no gerúndio: *raking it in*.

○ With so many local politicians **raking it in**, it's not surprising that a lot of money needs to change hands discreetly on these housing projects.

to make a living
ganhar a vida

O sentido desta expressão é que a pessoa ganha a vida de forma modesta. Pode-se acrescentar *good* ou *decent* antes de *living* para ficar um pouquinho menos humilde.

○ —It sounds an interesting line of work, but are you able **to make a living**?
—Just.

to make good money
ganhar um bom dinheiro
ter um bom salário

Como *to make a living*, possui também um leve sentido de humildade.

○ —It sounds an interesting line of work, but are you able to make a living?
—In fact, **I make quite good money**.

money for old rope
dinheiro fácil
a licence to print money
é uma mina de ouro

Dois modos de se referir a um benefício que se obtém facilmente, ou porque se investiu pouco ou porque o trabalho é simples. A primeira significa, literalmente, que se ganha dinheiro de maneira fácil, e a segunda se emprega para aquelas entradas de dinheiro tão fáceis que parece que deram permissão para a pessoa fabricá-lo.

○ Getting people to buy a series of identical T-shirts and sweatshirts from the same hamburger restaurant chain but from different cities is **money for old rope**. All the manufacturers have to do is change the name from Budapest to Bangkok to Barcelona to Berlin. It's **a licence to print money**!

(to be) not short of a bob or two
não é que lhe falte dinheiro
ele(a) está cheia de dinheiro
ele(a) está montado na grana
pedindo esmola é que ele(a) não está

Apesar da introdução da moeda decimal em 1971, ainda há expressões que conservam a palavra informal para *shilling* (xelim), que é *bob*. Com esse sentido, é usada sempre com *not*. Também existe a expressão *to cost a bob or two*, "custar o olho da cara". *To be not short a bob or two* é um bom exemplo do que na Grã-Bretanha se conhece como *understatement* e que consiste em enfatizar uma coisa justamente falando dela com modéstia.

○ —We need more capital to start this venture.
—Why don't we ask Isabel to join us? She's **not short of a bob or two**.
—Good idea. I'll approach her.

pagar

to cough up
pagar
soltar a grana

Por meio da onomatopeia que representa a tosse (*cough*), este verbo descreve o ato de pagar com certa resistência. É usado muitas vezes no imperativo, mas convém fazê-lo com cuidado, pois é informal e pode ser considerado ofensivo.

○ Marga has been very successful in getting several clients who owe us money **to cough up**. Well done!

to foot the bill
arcar com as despesas
assumir os gastos

Quando alguém *foots the bills* é porque vai assumir o pagamento de uma fatura (*the bill*) por uma razão pontual (como uma festa de casamento), ou a longo prazo (algumas infraestruturas ferroviárias), principalmente quando a quantia sobe bastante e nem todo mundo tem vontade de assumir tamanho gasto. É informal, mas não é ofensivo.

○ My opponent wishes to introduce state medical cover for the whole population. I ask you this one question: Who's going **to foot the bill**? Ladies and gentlemen, you are! It's going to have to come from your taxes!

to make a loss
ter perdas
perder dinheiro

Às vezes, os negócios surgem de boas ideias, mas o resultado é negativo (*a loss*).

○ With all the costs and investment involved, it's quite normal for a new company **to make a loss** in the first financial year, but after three or four years if it's not showing a profit, then people start to ask questions.

on the never never
a prazo

Hire-Purchase (HP) é uma forma de pagamento a prazo (por exemplo, um eletrodoméstico ou um móvel). *On the never never* é uma forma coloquial de se referir a esse tipo de compra, principalmente por parte do comprador e, concretamente, aquele que pode incorrer em algum atraso na hora de pagar as prestações.

○ —Lovely furniture you've got here! Must have been quite expensive...
—You know, we got it all **on the never never**. One day it'll be ours, if we ever finish paying for it.

estar duro

FLAT BROKE

(to be) flat broke
não ter nenhum tostão
estar duro
estar quebrado

(to be) strapped for cash
estar mal de dinheiro
estar sem dinheiro
estar sem um puto*

Duas expressões coloquiais muito frequentes para se referir às dificuldades financeiras.

○ —Is there any way you could lend me a thousand?
—Look, I'd love to help you out, but I'm **strapped for cash** myself.

to make ends meet
chegar ao fim do mês
to make do
arranjar-se
virar-se

As duas expressões indicam que se ganha o justo para chegar ao fim do mês. *To make do* tem mais a conotação de que a pessoa deve se arranjar com o pouco dinheiro que tem. Expressam certa resignação, exceto quando vêm precedidas por *can't*.

○ —Is it true that there are millions of people in Brazil earning less than five hundred reais a month?
—It is, and they're very, very poor.
—But how can you **make ends meet** on five hundred reais?
—It's a mystery. But somehow they **make do**.

(to be) on a tight budget
ter um orçamento reduzido
to work to a tight budget
trabalhar com um orçamento apertado

Há algum orçamento que não o seja?

○ —Since my wife lost her job last year, we've been on quite **a tight budget**.
—You're not having that jacuzzi installed just yet, then?
—No, I think we'll keep the old one going for another year or two...

FALANDO EM DINHEIRO...

ditados populares sobre dinheiro

the best things in life are free
dinheiro não traz felicidade
As melhores coisas da vida são de graça

Assim começava a canção "Money (That's What I Want)", dos Beatles.

- —The advertising industry exists to convince us that **the best things in life are** not **free**.
  —Friendship, laughter, family, love, health... Can you buy those things?
  —Maybe not, but can you maintain any of them without money?

money doesn't grow on trees
dinheiro não dá em árvore
dinheiro não cai do céu

Ditado popular que milhões de pais têm usado quando os filhos pedem coisas cada vez mais caras. Muitas vezes vai seguido de *you know?*

- —Can I have a motorbike for my birthday?
  —A motorbike? **Money doesn't grow on trees**, you know?

money is the root of all evil
dinheiro é a raiz de todos os males
dinheiro é a raiz de todos os problemas

É a típica frase que os avós puritanos tinham em uma placa na parede da sala de jantar.

- —Do you believe that **money is the root of all evil**?
  —No way. It's no more responsible than greed and envy, or the desire for power.
  —But aren't those things connected to money?

one man's loss is another man's gain
alguns ganham, outros perdem

Compara dois efeitos contrários de um mesmo fato.

- —This area used to be all textile factories. Now all the production is in China.
  —Oh well, **one man's loss is another man's gain**.

NO FRILLS

barato

BARATO OU CARO

a bargain
uma pechincha
value for money
boa relação qualidade-preço

A primeira é o contrário de *a rip-off*.

- It may be more expensive than some other options, but when you look at the quality you'll agree that it does represent **value for money**.

bottom of the range
de baixa qualidade
rock-bottom price(s)
mais barato impossível

A primeira enfatiza a qualidade (que é mínima); a segunda ressalta que o preço não pode ser mais baixo. Também existe *mid-range*.

- These are **rock-bottom prices**, and I tell you, you won't get them anywhere else.

down-market
bottom end of the market
classe baixa

O contrário de *up-market*.

- If we want to increase the numbers, we need to think about going **down-market**.

economy model
economy size
tamanho família

Sai mais barato comprar o tamanho grande.

- If you get this **economy size**, it will work out much cheaper for you, believe me.

no-frills
sem extras
cheap and cheerful
bom, bonito e barato

Alguns serviços eliminam o adicional para oferecer um preço baixo. *No-frills* é usado para descrever algumas linhas aéreas em que o bilhete inclui só o básico, ou seja, que não oferecem nem um suco.

- —How was your hotel in Lloret de Mar?
  —**Cheap and cheerful**. No problems.

caro

a (complete/bit of a) rip-off
um assalto
um roubo
uma fortuna

O contrário de *a bargain*.

- The food was very nicely presented, and the view over the city was nice too, but 45 € for a lunch strikes me as being **a bit of a rip-off**.

(the) top end of the market
classe alta

O contrário de *bottom end of the market*.

- The downturn in the economy didn't affect **the top end of the market** too much.

top of the range
de primeiríssima qualidade

Pode funcionar como adjetivo e substantivo.

- This is **top of the range**. Feel that texture.

up-market
de classe alta
de alto padrão
de luxo

Up-market é o antônimo de *down-market*.

- Hive is a rather **up-market** shop.

nem uma coisa nem outra

the going rate
o que se costuma pagar
o preço de mercado

É o preço ou a remuneração que se maneja no setor em determinado momento. Nem mais, nem menos.

- Ryanair cabin staff are paid at **the going rate** for the airline sector.

HUMBLE PIE

ORGULHO OU VERGONHA

orgulho

(to eat) humble pie
encarar com humildade
to chew/eat the carpet
to swallow your pride
colocar o rabo entre as pernas
engolir o orgulho

Expressam mais ou menos o mesmo: engolir o orgulho, aceitar uma derrota ou pedir perdão.

- I told him I never wanted to talk to him again, and now I have to ask him for help. Oh well, it's a case of **swallowing my pride** in order to survive, I suppose.

if you've got it, flaunt it
se você se orgulha de algo, mostre-o

Reflete uma atitude de total confiança em si mesmo. Dependendo de como se diz, pode soar um pouco grosseiro. A ênfase recai em *got* e *flaunt*.

- —You're going to look absolutely stunning in that dress at the wedding, but I think even the bride might be a bit jealous of you.
  —I don't care; **if you've got it, flaunt it**.

modesty forbids
modéstia à parte

Alguém elogia algo cuja autoria é desconhecida e ouve esta expressão do autor. Sempre parece que este o diz com modéstia, mas, na verdade, a única coisa que pretende é deixar claro a quem se deve atribuir o mérito. Por isso, a expressão é dita com um sorriso nos lábios.

- —Mmmm... who made this salad! It's divine!
  —Well, **modesty forbids**.

(my/your) pride and joy
meu maior orgulho
a joia da coroa
a menina dos meus olhos

Diz-se sobre uma pessoa ou uma coisa que nos enche de orgulho ou felicidade.

○ —And finally, this is **my pride and joy**...
—Wow, is that really a Matisse?
—Oh yes, signed by the artist.

pride goes before a fall
mais dura será a queda
mais duro será o tombo

Se uma pessoa mostra-se excessivamente confiante de suas possibilidades, pode cometer erros que a conduzam ao fracasso. *Pride goes before a fall* é a versão moderna de um conselho bíblico (Provérbios 16:18). Está documentado em inglês desde o ano de 1390. Às vezes, é utilizada a forma antiga *goeth* em vez de *goes*.

○ —We're clearly the best team in the whole tournament and it's hard to see anybody being able to stop us.
—Have you heard the expression: **pride goes before a fall**?

(to be) in pride of place
(ocupar) o lugar de honra

Pode se referir, por exemplo, à pessoa que preside a mesa em uma refeição importante, ou a um objeto especial, como o brasão da família que ocupa um espaço de honra na casa, ou ainda ao fato de se colocar o retrato do fundador da empresa na sala de reuniões.

○ **In pride of place** in his apartment he had a large framed photo of himself in his university graduation gown.

to save face
ficar bem
manter as aparências
evitar ficar em evidência

to lose face
ficar sem graça
ficar desprestigiado
ficar em evidência

To save face ou sua forma adjetiva *face-saving* são usadas para expressar o fato de uma pessoa sair dignamente de uma situação comprometedora sem perder o prestígio, sem ficar mal etc. *To lose face* significa justamente o contrário.

1) If we had been able to offer Saddam Hussein a peaceful **face-saving** solution all those years ago, maybe today's situation in the region would be quite different.

2) —A Chinese colleague of mine lost his father to cancer a few weeks ago, but he almost seemed to think it was funny, saying how stupid he was to lose his father. It was so cold.
—That's because he would have **lost face** if you'd been forced to show sympathy for him.

ye of little faith!
homem de pouca fé!

Esta expressão, assim como sua equivalente em português, é utilizada em um momento triunfal diante de pessoas que antes se mostravam céticas. Também é utilizada em situações mais cotidianas – por exemplo, quando alguém consegue algo que parecia pouco provável (como ser pontual). *Ye* é uma forma antiga do pronome *you*. Na Bíblia (Lucas 12:27-28), quando várias pessoas duvidavam da divindade de Jesus Cristo, essa frase foi dita a elas.

—Congratulations; it seems your book has been a great success.
—Yes, and you never believed I could do it. **Ye of little faith!**

ORGULHO OU VERGONHA

vergonha

to name and shame
denunciar publicamente
apontar com o dedo

A rima é muito importante para que uma expressão seja fácil de lembrar: eis aqui um claro exemplo. *To name and shame* é usada quando citamos os nomes das pessoas que cometeram algum fato reprovável com o objetivo de envergonhá-las. Reflete muito bem a política de alguns governos de publicar os nomes dos infratores, como aconteceu na Grécia, em 2010, com os médicos e dentistas que defraudaram a Receita Federal.

- The Government's plans **to name and shame** repeat sex offenders were given a mixed response today in the media, but neighbourhood watch groups and most churches welcomed the initiative.

(to be) no skin off my nose
por mim, tudo bem
não estou nem aí

Perder a pele do nariz deve ser bastante desagradável. Por isso, a quem utiliza esta expressão, tanto faz se a informação que será divulgada possa ser prejudicial a outra pessoa.

- —Would you be prepared to tell us who has been consulting this archive recently?
  —Of course I can tell you who has been consulting it, it's **no skin off my nose**.

shame on you!
for shame!
que vergonha!
você deveria ter vergonha!

Estas duas expressões perderam um pouco seu uso e agora soam um tanto literárias, mas ainda são muito empregadas em conversas formais entre pais e filhos.

- You left your wife at home with the kids and went out drinking until midnight? **Shame on you**, boy!

TURN A BLIND EYE

ASSUMIR OU FUGIR À RESPONSABILIDADE

responsabilizar-se

the buck stops here
*a responsabilidade é minha
assumo toda a responsabilidade*

No pôquer, *buck* era uma peça que se colocava diante do jogador para assinalar que era sua vez de jogar. Assim, *pass the buck*, no contexto do pôquer, significava "passar" ou "mudar a vez", e daí evoluiu para "passar a alguém a responsabilidade por algo". *The buck stops here* significa justamente o contrário, ou seja, assumir a responsabilidade para que ela não recaia sobre outra pessoa. Diz-se que o presidente Harry Truman tinha essa frase sobre sua mesa de trabalho como lema pessoal.

- It's not the teachers' fault for what's happening to our kid; **the buck stops here**.

to hold someone accountable (for something)
*responsabilizar alguém (por algo)
pedir explicações a alguém (de algo)*

Esta expressão é usada para pedir explicações a alguém a respeito de uma situação, seja ele ou não o verdadeiro responsável por ela. Pode-se acrescentar *fully* antes de *accountable*. É habitual em política.

- —If this doesn't work, let me tell you that I will **hold you accountable**.
  —That's very clear. And if it does work?

não se responsabilizar

if the cap fits, (wear it)
se a carapuça serviu...

Esta expressão é utilizada quando alguém interpreta mal uma indireta ou um comentário pensando que era destinado a si, quando, na verdade, não era. Assim, esse ditado subentende que, se a pessoa achou que o comentário se referia a ela, é porque há, de fato, uma relação. Curiosamente, no inglês norte-americano, em vez de "carapuça" (*cap*), se diz *"chapéu"* ou *"sapato"*: *if the hat/shoe fits, wear it.*

○ Well I didn't actually say that you were the one who made us all late, but **if the cap fits, wear it**.

to pass the buck
transferir a responsabilidade para outro
to duck your responsibility
*fugir à responsabilidade
tirar o corpo fora
escafeder-se*

No pôquer, *buck* era uma peça que se colocava diante do jogador para indicar que era sua vez de jogar. Assim, *pass the buck*, no contexto do pôquer, significava "passar a vez" ou "mudar a vez", e, daí, evoluiu para "passar a alguém a responsabilidade por algo". No inglês norte-americano, também se diz *to dodge one's responsibility* (ver *the buck stops here*). Literalmente, *to duck* significa "agachar-se".

○ So you have no responsibility for what's happening to your kid, and it's all the teachers' fault? Seems to me like you're trying to **pass the buck**.

to turn a blind eye (to something)
fazer vista grossa
to look the other way
olhar para o outro lado
fingir que não viu

A primeira e a segunda são muito parecidas a seus equivalentes em português. *To look the other way* sugere uma falta de ética mais séria do que a primeira.

- I had an idea that money was disappearing but the director made it clear that he wanted me **to turn a blind eye**.

to pin the blame (on somebody)
colocar a culpa em outra pessoa
responsabilizar outra pessoa

Esta expressão é utilizada quando alguém decide que um inocente vai arcar com a culpa. É usada também fora do contexto criminal.

- Management tried **to pin the blame** on the unions for the incidents, but no hard evidence was given.

to take the rap (for something)
arcar com a culpa
pagar o pato

Expressão que provém do mundo criminal, nos Estados Unidos. O significado é o mesmo que o da expressão anterior: quem arca com a culpa não é, na verdade, o real culpado.

- —Looks like you're gonna **take the rap** for that bank hold-up in Michigan.
  —And if I don't feel like it?

CONTROL FREAK
MANTER OU PERDER O CONTROLE
controlar

(to be) at one's command
at one's beck and call
estar à (inteira) disposição
estar às ordens

Em ambas as expressões, o possessivo faz referência à pessoa que manda. A primeira tem sua origem no mundo militar, mas é usada em milhares de contextos. A segunda é mais usual.

- —Why are you always **at his beck and call**?
  —He's my husband!
  —And he's a Taliban?
  —Don't talk like that!

to call the shots
dar as cartas
ditar as ordens

Como em inglês não se "dá as cartas", é preciso se situar em um campo de tiro onde os aficionados praticam com pratos de cerâmica. Aquele que se dispõe a disparar *calls the shots*, ou seja, grita para que o prato seja lançado. A expressão existe nas formas afirmativa e negativa.

- But I thought we agreed that we'd have a system for keeping the house clean and tidy. Now you're saying that everyone will be responsible for tidying up after himself. Who's **calling the shots** here? Don't we decide things democratically any more?

control freak
(pessoa) que tem a mania de controlar tudo

Aplica-se às pessoas que têm a necessidade doentia de controlar tudo. Se uma pessoa chama outra de *control freak*, o mais provável é que não a tem em grande consideração. Portanto, é melhor usar a expressão apenas para se referir a terceiros e, se quiser, a si mesmo.

- It's true she's a bit of a **control freak** but you'd have to admit that the place functions very smoothly.

under control
sob controle
controlado

Expressão muito comum que, como em português, é adjetiva. É o contrário de *out of control*.

- —Everything **under control** for tonight?
  —Yes, I'll pick you up outside the Faculty library at 7pm.

descontrolar

to go haywire
ficar louco
perder a cabeça
pirar

A expressão tem sua origem na corda metálica (*wire*) que se utiliza para conter um fardo de feno (*hay*). Com o tempo, as cordas se desatam devido à tensão da palha e o fardo desmorona. É usada para pessoas ou situações. Também é empregada com o verbo *to be*.

- Be careful with him when he's had a few drinks, he can **go haywire** quite easily.

out of control
fora de controle
descontrolado

Expressão muito comum que, como em português, é adjetiva. É o contrário de *under control*.

- When I got back from my trip, things were quite **out of control** at home.

RIGHT AS RAIN

saúde

SAÚDE OU DOENÇA

(to be) fit as a fiddle
fit as a butcher's dog
(estar) totalmente em forma

Aqui, *fiddle* significa rabeca, tipo de violino que se toca em bailes populares e em *pubs* (não aqueles tocados nas orquestras e salas de concertos). *Fit* indica um bom estado de saúde. O fato de as duas palavras começarem por *fi-* é o único motivo que explica sua junção para formar esta expressão. Já *fit as a butcher's dog* é muito figurativa e óbvia, pois os cães dos açougueiros certamente são bem alimentados, ainda que com sobras.

- —How long is it since your accident?
  —Two months, but isn't that on your computer screen, doctor?
  —It is probably. So how do you feel about going back to work?
  —I feel **as fit as a fiddle**, and I want to go back as soon as I can.

(to be) as right as rain
(estar) perfeitamente bem

Pode soar estranho para um brasileiro, mas é necessário levar em consideração que estamos diante de uma língua que nasceu em uma ilha onde a chuva era e é o normal.

- Now, the doctor told your father and I that you're responding well after the operation, and that there's a very good chance that you'll be **as right as rain** in a few weeks.

(to be) match fit
em plena forma
pronto para competir

Para referir-se especificamente à forma física necessária de um jogador de futebol, vôlei, basquete etc. para uma competição, utiliza-se *match fit*.

- Recovering from a broken leg has kept him out of action for the last six months, but he's now doing light training, and club doctors are optimistic that he'll be **match fit** before the end of the season.

doença

(to be) as sick as a dog/parrot
estar muito doente

É estranha a fama que os cães e os papagaios têm de ficar doente, mas em inglês é assim mesmo.

- —Is that you, Beata?
  —Yes.
  —Listen, I don't think I can come to work today. I'm **as sick as a dog**.

(to be) as white as a feather
as white as a sheet
(estar/ficar) branco como cera
(estar/ficar) branca como papel
(estar/ficar) pálido como um morto

Está certo que nem todas as plumas (feather) são brancas, tampouco os lençóis (sheet), mas é possível compreender o que as expressões querem dizer. A pressão baixa, a má alimentação ou um susto podem nos deixar assim.

- When she walked in she was **as white as a sheet**, and I knew, I must have known that something was wrong.

to feel under the weather
não estar se sentindo bem

Esta expressão é muito versátil. Serve para descrever uma infinidade de mal-estares e doenças, inclusive depressão.

- —Feeling okay?
  —**I feel under the weather**, to be honest.

OVER THE HILL

NOVO, JOVEM, VELHO

novo

brand new
novo
novo/novinho em folha
novíssimo

Se algo é *brand new*, é que acabou de estrear.

○ —Have you seen that **brand-new** airport they've got in Istanbul?
—I have, actually, and it's still as slow and chaotic as the old one.

in good condition
em bom estado

Não está em tão bom estado como se estivesse *in mint condition*, mas é possível vender.

○ —If you're looking for a second-hand SLR camera, we've got this Olympus OM-2.
—An OM-2? How old is it?
—About 25 years, but it's **in good condition**. Zuiko lens and everything. You won't get quality like that these days.

in mint condition
em perfeito estado
parece novo

Tecnicamente, não é novo, mas nos asseguram que nunca foi usado. *Mint* é onde se fabrica dinheiro (a Casa da Moeda), portanto, *in mint condition* é, literalmente, algo "recém-cunhado".

○ —Are you interested in buying a second hand computer? It's **in mint condition**.
—Hang on. Why are you selling it?

(as) good as new
como novo
novinho em folha

Estar perfeitamente bem, como se fosse novo.

- —It's a lovely little car, only one owner, two and a half years old, only done 3.000 km, not a scratch on the bodywork. Look at it; **as good as new**.
—And was the previous owner a very careful old lady?
—How did you guess?

slightly used
pouco usado
praticamente novo

O eufemismo perfeito de *second-hand*.

- —That book is out of print at the moment, but if you want a **slightly used** one, I know someone who might have one for sale.
—It depends; how much?

jovem

(like a) spring chicken
em plena forma
forte como um touro

Expressão otimista e positiva utilizada para elogiar a força física de alguém. A versão negativa é *he's no spring chicken*.

- —Have you heard? Martha's just married a man who's 30 years older than her. She says he's **like a spring chicken**, if you know what I mean.
—Really? Something tells me he's quite rich too.

bright young thing
jovem brilhante
a wannabe
pretensioso

Duas expressões críticas. A primeira pode ser usada no sentido literal, sem ironia. *A wannabe*, que provém de *want to be*, é uma forma de se zombar da ambição exagerada e muito evidente de alguém, geralmente jovem, pela fama e pelo dinheiro.

> Southern California is full of former **wannabes** who didn't get that lucky break in Hollywood.

velho

(to be) behind the times
ser antiquado
estar ultrapassado
estar defasado

Expressa a incapacidade de adaptação aos novos tempos.

> Her opinion is that the unions are simply **behind the times**. Times have changed, but unions are still talking about the same issues in the same way, and using the same rhetoric that they were using 30 years ago.

(to be) mutton dressed as lamb
uma velha vestida como mocinha

Aplica-se às mulheres maduras que andam vestidas como jovens. Curiosamente, não há um equivalente para os homens.

> —I thought aunt Ann looked nice at the party.
> —In that dress made for a 20-year-old? **Mutton dressed as lamb**, if you ask me.

(to be) old hat
(não ser) nenhuma novidade
(não ser) nada novo

Referindo-se a uma obra de arte ou a uma ideia, *old hat* expressa falta de originalidade ou de inovação.

> Your idea of marketing our product with that kind of concept-well, it's not so much a bad idea, but it's just **old hat**. It's like the kind of thing we were doing 25 years ago.

on its last legs
nas últimas
(estar) acabado

Originalmente, referia-se a um cavalo que não conseguia se manter de pé, mas com o tempo passou a descrever qualquer máquina ou veículo que está nas últimas. Aplica-se também, de forma cruel, a pessoas que estão à beira da morte.

- —How long have you had this computer?
  —I bought it from you only five years ago!
  —Five years! Shit, it must be **on its last legs** by now!

(to be) past one's sell-by date
(estar) caduco
(estar) gagá

O sentido original é transparente: um produto cuja data de vencimento já passou. Atualmente, aplica-se a tudo, e, frequentemente, às pessoas que estão velhas demais para realizar determinadas tarefas.

- They new management decided that quite a few of the admin staff were **past their sell-by date**.

(to be) past it
estar superado
estar ultrapassado

a has-been
alguém que já teve muita glória no passado
aguém que já foi muito famoso

(to be) over the hill
estar em declínio

Três formas de dizer que alguém está em descensão, principalmente nos esportes ou na política. São as versões pejorativas de adjetivos como *mature* (maduro) ou *experienced* (experiente).

- In many competitive sports, you're considered **over the hill** when you pass the age of 30.

second-hand
de segunda mão

A versão honesta de *slightly used*.

- —Why don't you get a **second-hand** car? They're half the price of a new one.
  —I like the smell of new cars.

ALL TALK AND NO ACTION
ÚTIL OU INÚTIL

(to be) all talk and no action
falar muito e não fazer nada
ser só papo-furado

É uma forma suave de criticar alguém que fala muito e age pouco.

- As a union representative he says all the right things, but he's **all talk and no action**.

(he/she) couldn't organize a piss-up in a brewery*
não conseguir fazer nada direito

Pode ser adaptado a diferentes atividades (mudando o lugar).

- Pat **couldn't organize a fuck in a brothel**.*

(to be) dead on arrival
algo que já começou mal
algo condenado ao fracasso

Emprega-se para se referir a algo que chega em mau estado. Em sentido figurado, uma ideia que, de antemão, está condenada ao fracasso.

- The proposal was **dead on arrival**; it wasn't well prepared and it didn't sound convincing.

(to be) really handy
to come in handy
ser muito prático
ser bastante útil

Duas expressões para se referir a qualquer coisa, pessoa ou serviço útil e prático.

- 1) It's **really handy** having a metro station so close to the apartment.

  2) Don't throw away those boxes; they might **come in handy** when we move house.

IN A JIFFY
rápido

RÁPIDO OU LENTO

to cut corners
poupar esforços
economizar esforços

Nas corridas, "adiantar nas curvas" oferece uma vantagem competitiva, mas, no trabalho, frequentemente implica uma perda de qualidade. Por isso, *to cut corners* é usado geralmente para criticar uma política ou uma gestão voltada à economia de tempo ou de recursos em detrimento da qualidade.

- —But what you call **cutting corners** is just an efficient way any business should operate.
  —Yes, but you're **cutting corners** on safety, and that's not the same thing.

(to be) flat out
(estar) atolado de trabalho

Expressão muito frequente que indica que estamos muito ocupados no trabalho ou em casa.

- —Look, we'd love to help you, but we're really **flat out** at the moment. If it were any other time...
  —Okay, don't worry.

in next to no time
in no time at all
in a jiffy
in a wink
num minuto
num instante
já, já
agorinha mesmo

Têm o mesmo significado e são utilizadas sempre no passado ou no futuro.

- —When will you be ready to leave?
  —**In next to no time**. Go and get the car started up.

RÁPIDO OU LENTO

like a rat up a pipe
a toda velocidade
in the blink of an eye
num piscar de olhos

É difícil imaginar como uma ratazana consegue desafiar as leis da gravidade e subir pelos canos (*pipes*) em grande velocidade. A segunda expressão, *in the blink of an eye*, é um pouco mais formal e brinca com a mesma imagem que a da equivalente em português.

- You should have seen him go up and start cleaning his room when I said he could have a new laptop for his birthday if he promised to keep it tidy; **like a rat up a pipe**.

(as) quick as a flash
rápido como um raio
veloz como uma flecha

Expressão muito útil para indicar que algo aconteceu repentinamente ou quando alguém raciocinou muito depressa. Emprega-se, principalmente, para falar no passado.

- When she told them there was ice-cream for dessert, they finished their vegetables **as quick as a flash**.

a rush job
um trabalho urgente

Rush literalmente significa "pressa" e, por isso, esta expressão faz referência a um trabalho que tem de ser feito com muita rapidez.

- —I've got something here for you, but it's very much **a rush job**. It's just under 1600 words to translate into English, and they want it for tomorrow.
  —Is it technical or anything like that?
  —No, it's a synopsis for a film. It's a Word doc, so you could translate directly on top. Well?

lento

it's like watching paint dry
realizar uma atividade tediosa
ficar observando a grama crescer

Expressa a frustração de uma pessoa que tem de suportar a lentidão de outra. É uma expressão que os budistas não costumam usar.

○ —How did your first private maths class go yesterday?
—Watching her trying to work out even the most elementary problems was **like watching paint dry**.
—So will you be going back?
—They pay me.

to spin a job out
trabalhar a passo de tartaruga
fazer cera
enrolar

Expressão bastante utilizada para criticar a lentidão de alguém ao realizar um trabalho ou uma tarefa. Tem um tom crítico, pois insinua que a pessoa faz isso propositalmente, por alguma razão.

○ —And these photos here are the Corinth Canal, where you cross into Peloponissos. As you can see the canal is spectacular, quite deep, but very narrow.
—How long did it take to build?
—About 180 years; these Greeks really know how **to spin a job out**.

to drag one's heels (over/about something)
alongar-se (sobre um assunto)
arrastar-se

Expressa reservas na hora de aceitar algo ou de começar a trabalhar, principalmente em política e negócios.

○ —Why are you **dragging your heels** over this?
—I'm not **dragging my heels**; I believe what you're doing is wrong.

OFF THE BEATEN TRACK

AFASTAMENTO, AUSÊNCIA

off the beaten track
fora do caminho habitual
escondido
afastado

Esta expressão se aplica ao viajante aventureiro que foge das rotas típicas e busca novos caminhos. Mas também é empregada para indicar a localização de um restaurante, riacho ou aldeia difícil de encontrar, com o sentido de estar "escondido".

- —Where did you take these photos? I want to go to there.
  —It's a place called Masca, in Tenerife.
  —Never heard of it.
  —Well, it's a bit **off the beaten track**.

off the radar
desaparecer do mapa

Indica que alguém não está localizável (nem por radar) ou que se esqueceu de avisar onde estaria. Ou talvez não tenha esquecido...

- —Where on Earth have you been?
  —Oh, I was **off the radar** for a while.
  —I was worried about you. You're not normally so hermetic.
  —Nothing to worry about. I just needed some time for myself.

TOO CLOSE TO CALL

PROXIMIDADE, IGUALDADE

a close shave
escapar por milagre
escapar por pouco
escapar por um triz

too close for comfort
perto demais
perigosamente perto

São expressões que limitam o tempo ou a possibilidade. No exemplo, *that was a close shave!* poderia ser traduzido como "escapou por um triz" ou "escapou por pouco".

○ —Isn't that your husband over there, talking on the phone, first car at the traffic light?
—God, yes! That was **a close shave**, wasn't it?
—Certainly was. See you on Thursday?
—Probably.

too close to call
está muito igualado
está pau a pau

Você se lembra das eleições presidenciais do ano 2000 entre George W. Bush e Al Gore? Houve um empate técnico, salvo por alguns votos disputados no estado da Flórida que, finalmente, foram atribuídos ao candidato Bush. Definitivamente, *too close to call* quer dizer que eleições, concursos públicos etc. estão sendo tão disputados que é impossível dizer quem ganhará a presidência ou uma vaga. A expressão provém do universo hípico, quando dois ou mais cavalos atingiam a linha de chegada ao mesmo tempo e era preciso consultar a *photo finish* para decidir quem tinha ganhado. *Call* é uma referência ao anúncio, por megafone, do nome do vencedor, para que aqueles que tinham apostado nele pudessem ir buscar seu dinheiro.

○ Who has won the election? I'm afraid at this stage it's **too close to call**.

NOTHING TO SHOW FOR IT

MUITO, NADA, DEMAIS

muito

many are called but few are chosen
muitos são chamados, mas poucos são escolhidos

Frase bíblica que hoje é usada em tom irônico, acompanhada de uma explicação.

- —How was the party on Saturday?
  —Not bad, but quite a lot of people couldn't make it, and it was pretty small and quiet.
  —Oh well, I'm sure the people who did go had a good time. **Many are called but few are chosen**, right?

many hands make light work
o trabalho compartilhado fica mais leve

Refrão de Erasmo, "patrono das bolsas de estudo", que expressa o contrário de *too many cooks spoil the broth*. É usado tanto para agradecer quem se oferece para dar uma ajuda quanto para lançar uma indireta àquele que não ajuda.

- —Would you like me to give you a hand?
  —Great, thanks. **Many hands make light work**, eh?

no more, no less
nem mais nem menos

Frase concisa e de mil usos.

- In this assembly, you are just the same as the rest of us, whatever your wealth or your race, **no more, no less** than anyone else.

(to be) nothing short of...
nada menos que...

Serve para descrever algo de forma superlativa, tanto para o bem (*brilliant, sensational* etc.) quanto para o mal (*scandalous, catastrophic* etc.). Sempre acompanhada de um nome ou de um adjetivo. No primeiro caso, é preciso acrescentar um artigo (como no exemplo).

- It was **nothing short of a miracle**, the way they were able to rescue over a quarter of a million men from the beaches of Dunkirk.

(a) whole lot of (something)
um monte (de algo)
um milhão (de alguma coisa)

Expressão informal que combina com milhares de coisas, tanto positivas como negativas. Nesta famosa canção de Jerry Lee Lewis, evidentemente, o sentido é positivo:

- Come on over baby / **Whole lot of** shaking going on / Yes I said come on over baby / Baby you can't go wrong / We ain't faking / **Whole lot of** shaking going on

nada

(sweet) fuck all*
bugger all*
porra nenhuma*
nada de nada

Duas maneiras vulgares do inglês britânico para dizer "nada de nada". *Sweet fuck all* pode ser abreviada como *SFA* (pronuncia-se "essefei"). *Bugger all* é um pouco menos forte.

- —I'm not very happy with my teaching timetable at the moment, Bob.
  —Well there's **fuck all** I can do about it just at the moment, I'm afraid, Jules.

nothing to show for it
muito esforço para nada
sair de mãos vazias
sair com as mãos abanando
muito trabalho sem nenhuma recompensa

Esta expressão indica certa decepção, em geral relacionada com o tempo, o dinheiro, a energia ou o trabalho que foi investido em algo e que, ao final, não se obtêve os resultados desejados.

> —So, 25 years working for the same company and **nothing to show for it**. No promotion, no career advancement. No prospects.
> —Get out while you can, that's what I say.

nothing to speak of
sem comentários

Uma forma muito eficaz de dizer que não há grandes novidades e, em geral, de fechar um tema.

> —Any news about... you know... new boyfriends?
> —**Nothing to speak of**, Mum.

there's only so much to say about...
não há muita coisa para contar

Indica que um tema efetivamente não expressa muita coisa. É acompanhada de um nome ou de um pronome, como no exemplo.

> —So, tell me about your holiday.
> —Well, **there's only so much you can say about** it; I was with my family, you know. Nothing special.

demais

to go too far
ir longe demais
to overstep the mark
passar dos limites

Duas maneiras de expressar a mesma ideia: a de que alguém foi longe demais, em sentido figurado. A segunda é um pouco mais formal.

> I know that Betty's a bit pretentious, but I think that when you ridiculed her like that in front of everybody, you **went too far**.

(to be) over the top
passar dos limites
(ser) um exagero

OTT é a forma abreviada de *over the top*, expressão informal que pode ser usada em mil contextos.

○ —Wow! Look at her! A bit **OTT**, don't you think?
—I suppose so, yes.

(to be) too little, too late
muito pouco e muito tarde

É usada quando os recursos não são suficientes, nem chegam a tempo.

○ If that financial assistance had come two years ago, it might have been enough, but we've already lost most of our customers. It's **too little, too late**.

(to be) spoilt for choice
ter muitas opções
ser de difícil escolha

Expressa a ideia de que não é fácil escolher quando se tem uma grande quantidade de boas opções.

○ —Are you ready to order your main course?
—Wow, I'm **spoilt for choice**. It all looks delicious, but I think I'll have the salmon.

too many chiefs and not enough indians
muitos generais para poucos soldados
chefes demais para poucos empregados

É usada nas situações em que há muitos chefes e poucos trabalhadores e, consequentemente, o trabalho não avança.

○ **Too many chiefs and not enough indians**, that's the problem with this department.

too many cooks (spoil the broth)
muitos cozinheiros estragam a sopa

Como tantos outros provérbios, este também tem seu oposto: *many hands make light work*.

○ Now they've got 12 people working on the project. It's getting harder to communicate, and impossible to manage. **Too many cooks**!

NO SWEAT

FÁCIL OU DIFÍCIL

fácil

(to be) a no-brainer
ser óbvio
ser claríssimo

Quando uma coisa é tão óbvia que a pessoa não precisa nem usar o cérebro (*brain*).

- They asked me if I was interested in sex. Well, that's **a no-brainer**, I said to myself.

(to be) a walkover
(to be) a doddle
(ser) moleza
(ser) bico

As duas expressões servem para se referir a algo que é fácil de realizar. São usadas no passado, no presente e no futuro. A segunda é um pouco mais coloquial.

- 1) —Did you win the match?
  —Yeah, it was **a walkover**!

  2) —Worried about the Trigonometry exam?
  —No way! It'll be an absolute **doddle**!

no sweat
sem problemas!

É uma expressão muito atual. O que nos pedem é tão simples que não vamos nem transpirar.

- —Can you have those ready by 6pm?
  —**No sweat**.

(to be) plain sailing
(ser) tranquilo
a piece of cake
facílimo
a piece of piss*
moleza

As três expressões significam que algo é facílimo. *Plain sailing* se refere, literalmente, a navegar com vento favorável e mar calmo. *A piece of cake* se refere à ideia de que não há nada mais fácil. *A piece of piss* é mais vulgar e, em inglês, as vogais de *piece* e *piss* são pronunciadas de maneira muito diferente.

As três são construídas com o verbo *to be*, mas também sem ele.

🟠 1) —How did the job go?
—Oh, it was **plain sailing**.

2) —Was the exam hard?
—No, **a piece of cake**!

3) You want me to fix that for you?
It's **a piece of piss**!

preaching to the converted
preaching to the choir
gastar saliva à toa

A ideia é que um pregador deve tentar converter os pagãos e os infiéis, não os já convertidos (ou os membros do coro). A expressão pode ser usada em muitas situações, nas quais se esgota todo modo de persuasão, porque o interlocutor já está previamente convencido. É construída com o verbo *to be*. No inglês norte-americano, utiliza-se mais a segunda forma ou uma variação da primeira, *to the convert(s)*.

🟠 No need to tell us about the benefits of life insurance; you're **preaching to the converted**. We took out insurance cover many years ago, and the way things are going, we're glad we did.

there's nothing to it
não tem mistério

Refere-se a algo que não tem muita complicação, que é fácil de fazer ou de entender. É utilizada quando queremos animar alguém para fazer algo ou, falando de si mesmo com modéstia, para reduzir o mérito do que conseguimos.

🟠 You've never learnt how to use Excel? Don't worry, **there's nothing to it**. Let me show you.

FÁCIL OU DIFÍCIL

difícil

(to be) an uphill struggle
muito difícil
uma dificuldade
pissing in the wind*
lutar contra o vento
uma tourada
like pushing shit uphill*
(vai ser) uma merda

Três expressões para se referir a tarefas difíceis, muito difíceis ou quase impossíveis. A primeira é mais formal e pode ser usada em qualquer contexto. A segunda é informal e não convém usá-la diante de pessoas com as quais não temos muita intimidade. A terceira, vulgar e mais descritiva, é usada principalmente na Austrália e na Nova Zelândia.

- —How's it going with your new business?
  —Well, it's **an uphill struggle**, that's for sure, but I'm optimistic about the future.

easier said than done
é mais fácil falar do que fazer

Esta expressão se refere a algo que inicialmente parece uma boa ideia, mas que será difícil ser colocado em prática.

- They want me to reach an advanced level of Chinese in two years, but that's **easier said than done**.

it's like pulling teeth
é mais fácil arrancar um dente
it's like trying to get blood from a stone
é como tentar tirar leite de pedra

Estas expressões descrevem a dificuldade de se obter informações de alguém ou de conseguir uma resposta clara.

- 1) Have you tried to talk to Dave? **It's like pulling teeth**.

  2) We're very good clients of theirs, but trying to get a better discount from them is **like trying to get blood out of a stone**.

MAKES NO DIFFERENCE

igual

IGUAL OU DIFERENTE

(it) makes no difference
makes no odds
não faz diferença
tanto faz

Duas formas de expressar a mesma ideia. A primeira é inglês padrão, e a segunda, mais coloquial. São usadas principalmente no *simple present*. Costumam ser seguidas de uma frase introduzida por um pronome relativo (*who/which* ou *what/where/why*).

- **It makes no difference** who you vote for; real power is not in the hands of politicians.

same difference
dá no(a) mesmo(a)
same old, same old
o mesmo de sempre
a mesma cantilena

Duas maneiras informais para expressar que não há diferença real entre duas opções (no caso de *same difference*), e que a mudança ocorrida ou que se está propondo na verdade não vai mudar nada (*same old, same old*). Com frequência escreve-se *same ol, same ol* e também *same ole, same ole*.

- —Do you want to go to the 4 pm session of the film or the 6:30?
  —**Same difference**.

Tweedledum and Tweedledee
trocar seis por meia dúzia
os dois são farinha do mesmo saco

Seus contemporâneos diziam que o compositor Händel e o músico Bononcini eram quase idênticos. Assim nasceram seus apelidos, *Tweedledum* e *Tweedledee*. Um século mais tarde, o escritor Lewis Carroll popularizou estes apelidos em *Alice no País dos Espelhos*, colocando-os em dois gêmeos idênticos que dificultavam a vida da pobre Alice. Hoje em dia, usa-se *Tweedledum* e *Tweedledee* para se referir a duas opções ou a duas pessoas muito parecidas.

- —Aren't you concerned about who gets elected?
  —Not really; it's a case of **Tweedledum and Tweedledee**.

diferente

(to be) a different kettle of fish
(ser) outra história
(ser) uma situação totalmente diferente

Uma chaleira (*kettle*) é um utensílio usado para ferver água (para fazer chá, é claro), mas ninguém, nem mesmo os britânicos, colocariam um peixe dentro dela... Serve para indicar uma mudança substancial em uma situação. É construída sempre com o verbo *to be* e, por isso, se adapta facilmente a diferentes tempos verbais.

- When I was a girl, the young man would come to your house in his good clothes at 5pm and say hello to your parents, and then take you for a drink, which was never alcohol, and you'd go for a walk, or if it was Sunday to the cinema. It's **a different kettle of fish** these days, isn't it?

(to be) a far cry (from something)
(ser) uma coisa totalmente diferente
não ter nada a ver (com algo)

Aqui *cry* significa "grito", não "choro", de modo que um grito distante é algo muito diferente daquilo que temos perto; é algo remoto.

O Today you log on to a website in your own house and in 10 minutes you find the cheapest flights to and from hundreds of airports, with dozens of airlines. You buy your flight using a number on a small piece of plastic. The website gives you a code that it sends to your email. There are no paper tickets. You can even check in online. It's **a far cry** from the travel agencies of the 1970s and 80s.

a (whole) new ball game
outra época
outras regras
uma situação totalmente nova

Procedente do beisebol, é a versão norte-americana das expressões anteriores. Serve para se referir a uma nova situação que muda tudo.

O For the United States, 9/11 showed our Defense Department that we were dealing with **a whole new ball game**.

a sea change
mudança drástica
virada radical

Encontramos a origem desta expressão nas mudanças que se produzem nas marés; indica uma mudança radical de direção. *A sea change* é utilizada, principalmente, por jornalistas e sociólogos e dá a ideia de que a mudança que está ocorrendo é irrevogável.

O There was **a sea change** in the UK and the USA at the start of the 80s, with the election at almost the same time of Margaret Thatcher and Ronald Reagan. Over the next decade, public services were cut back, and enormous amounts of money were transferred from the poor to the rich.

PAR FOR THE COURSE

normal NORMAL E FORA DO NORMAL

bog standard
comum e normal
bem padronizado

Expressão adjetiva surgida nos anos 1960. É inglês britânico informal. O equivalente norte-americano é *run-of-the-mill* ou *garden-variety*.

- I went to a **bog standard** secondary school.

(to be) nothing to write home about
(não ser) nada de extraordinário
(não ser) nada do outro mundo

Imagine um jovem num internato típico que se dispõe a escrever uma carta semanal para casa. Não tem grande coisa para contar porque não aconteceu nada especial. Esta frase expressa exatamente isso e é usada com frequência para diminuir o interesse de outras pessoas por alguma coisa.

- We went to see *Avatar* after hearing so much about it, but apart from the special effects, we thought it was **nothing to write home about**.

(to be) par for the course
como era de se esperar
(não ser) de se estranhar

No golfe, o par é o número máximo de tacadas que podem ser dadas para atingir um buraco sem penalização, e *par for the course* é o número máximo de tacadas para realizar o circuito completo. Indica, portanto, o que prever em uma situação. Às vezes, pode ser traduzida como: "Bem, o que você esperava?".

- —Clara never replied to my phone call.
  —That's **par for the course**, I'm afraid.

fora do normal

above par
acima da média
melhor do que se esperava

Above par expressa que algo superou as expectativas. É inglês britânico informal.

- —How would you rate the hotel?
  —Definitely **above par**.

below par
não estar à altura
ser aquém do que se esperava

Indica que algo está abaixo das expectativas. É inglês britânico informal.

- ... and it was a distinctly **below par** performance from England, which has disappointed thousands of fans who have travelled so far...

offbeat
original
pouco convencional

Era usada originalmente no jazz para indicar um ritmo não acentuado, não marcado. Agora faz referência a qualquer expressão artística nova e original. (Ver as expressões *upbeat* e *downbeat*.)

- You'll need to hurry if you want to get tickets for this **offbeat** comedy which is showing at the Assembly Rooms until Thursday.

to think outside the box
ser criativo
ter uma ideia ousada
soltar a imaginação

Expressão frequente no *management thinking*. Descreve o fato de ser criativo na hora de solucionar problemas. É usada no gerúndio (*thinking...*) para advertir que a ideia a ser proposta pode surpreender.

- OK, so, just **thinking outside the box** for a minute; do we really need this client if they give us so many headaches?

SHOW ME THE ROPES

ADAPTAR-SE E MOSTRAR

adaptar-se

to find one's feet
habituar-se
adaptar-se

Expressão muito habitual que se usa para descrever o fato de se adaptar a uma situação nova.

- For migrant children from Latin America, the Mahgreb, sub-saharian Africa and the Far East, it can understandably take a few months **to find their feet** in our schools.

mostrar

to show (someone) the ropes
ensinar a rotina (de trabalho etc.)
ensinar o básico
ensinar o bê-a-bá

Provém da linguagem dos marinheiros. Antigamente, havia nos barcos centenas de cordas (*ropes*), e era necessário apresentar aos novatos os nomes e as funções de cada uma. Hoje em dia, *to show the ropes* é uma expressão utilizada para alguém que é novo em um colégio, universidade, empresa etc. Uma expressão derivada desta é *to know the ropes*; é usada para falar de alguém que já domina e sabe como funciona perfeitamente um tema.

- —Hermione, would you **show** this new boy Harry **the ropes** please.
  —Of course, Mr Dumbledore.

WE'RE EVEN
FICAR EM PAZ

to call it quits
ficar em paz
acabar com a briga

Uma forma de indicar que se deixa de brigar, embora nenhuma das partes saia vitoriosa. Pode ser de mútuo acordo ou porque alguém o sugere. *Let's call it quits* pode ser traduzida como "Vamos acabar com isso de uma vez".

○ —Look, let's **call it quits**, shall we? I don't want to fight any more.
—Well, I didn't want to fight in the first place!
—Well neither did I!

to get even
ajustar contas
ir à forra
don't get mad, get even
a vingança é um prato
que se come frio

Duas expressões informais. A primeira expressa que uma pessoa se vinga porque está com o orgulho ferido. A segunda incentiva a vítima a não ficar furiosa (*don't get mad*), mas buscar vingança (*get even*).

○ —Marta took all the credit for the work I did! I can't believe it!
—Okay. That's awful, but **don't get mad, get even**. Why don't you...?

we're quits
we're even
estamos quites
estamos em paz

Duas maneiras coloquiais de indicar que estamos em paz. Assim como em português, são utilizadas com frequência para aceitar que o outro já recuperou a honra perdida.

○ —I'm sorry I said that to you before.
—Okay. I shouldn't have said what I said this morning, so now **we're even**.
—Well, if that's the way you want to think about it.

AND BOB'S YOUR UNCLE

COMEÇAR E TERMINAR

começar

back to square one
back to the drawing board
recomeçar
começar do zero
voltar ao ponto de partida

Ambas são reações a um contratempo considerável que nos faz voltar, literalmente, para o princípio. *Square one* é a casa de saída de um jogo de tabuleiro. *The drawing board* é a prancheta de um arquiteto. As duas expressões podem ser aplicadas a qualquer situação em que temos de recomeçar.

- —They didn't offer me the job in the end. Oh well, back to square one.
  —The bosses have rejected our plan for next year. **Back to the drawing board**.

to cut to the chase
to get down to brass tacks
to get down to business
ir direto ao assunto
entrar na matéria
entrar no âmago do problema

As três expressões indicam um desejo de entrar no assunto diretamente e de começar a falar das coisas importantes. A primeira é usada nos Estados Unidos e a segunda é mais britânica. A terceira é internacional. As três são utilizadas com frequência, iniciando-se com *let's...*

- Okay, if everybody's been introduced and had their coffee, let's **get down to business**, shall we?

to get a foot in the door
to get a toehold
introduzir-se em uma profissão
fazer-se conhecer

Para entender o significado destas expressões, é preciso pensar nos vendedores que iam de porta em porta há quarenta anos. O importante era que eles colocassem um pé na porta como primeiro passo (literalmente) para realizar uma venda. Na segunda versão, não é o pé, mas os dedos do pé (*toehold*). São expressões utilizadas em situações nas quais o primeiro passo é se fazer conhecer ou anunciar seus serviços.

○ If we can **get a toehold** with one of these large, national distributors, it'd be great for us.

let's get started
vamos começar
let's get cracking
mãos à obra
let's get going
vamos em frente
ready to roll?
all set?
prontos?

Todas estas expressões indicam a vontade de começar a fazer algo. Evidentemente, *ready to roll* originou-se no mundo do cinema.

○ Okay, if everybody's ready, **let's get started**.

terminar

(and) Bob's your uncle
e pronto

Expressão coloquial muito frequente no inglês britânico que se costuma dizer depois de ter dado uma série de instruções que não implicam nenhuma dificuldade. Pode-se omitir o *and*.

○ —Okay just click here, hold this down and choose the first option... **and Bob's your uncle**.
—Hey, that was so easy!

and that's that
e pronto
(e) assunto encerrado
(e) ponto final

É uma expressão parecida com *(and) Bob's your uncle*, que se usa para concluir qualquer tema em um contexto informal, inclusive para indicar que não vai haver mais discussão sobre o assunto.

> 1) You see, all you have to do is click here on the arrow, click on this option, and wait for it to tell you that you can take out the pen drive. **And that's that**. Easy, isn't it?
>
> 2) No, you are not going to spend the weekend at your friend's house just because her parents are away, **and that's that**!

are you done?
você já terminou?
I'm done
está pronto
I'm sorted
acabei

Três expressões informais e aplicáveis a milhares de situações. A primeira questiona se algum trabalho acabou, e as outras duas são usadas quando já se terminou. Às vezes se diz *I'm* ou *We're sorted* quando já se solucionou um problema.

> —Do you need more time, Alan?
> —No, **I'm sorted**. It's all on my Mac now.

to cut one's losses
tirar o time de campo
jogar a toalha

Esta expressão é usada quando, em uma situação destinada ao fracasso, nos retiramos antes de continuar perdendo mais (podem ser perdas de dinheiro, danos emocionais ou simplesmente conflitos ou dificuldades). Usa-se com frequência no imperativo para falar de temas relacionados a amor e dinheiro.

> —He'll never make you happy; **cut your losses** and find someone else.
> —I think we should **cut our losses** with the export market and concentrate on our local one.

is that it?
isso é tudo?
acabou?

É o título da autobiografia de Bob Geldof (publicada em 1986), tomada do grito dado por um jovem depois do megaconcerto *Live Aid*, que Geldof organizou em 1985 para angariar fundos em benefício de países da África Oriental. Serve para perguntar se algo já terminou ou ainda resta mais. Dependendo da entonação, expressa surpresa ou até mesmo irritação.

- —... and can you remember to have those reports ready by 2pm please?
  —**Is that it?**
  —Yes, I think we're done for now.

let's call the whole thing off
cancelar algo
concluir um assunto
colocar um ponto final

Refere-se a jogar a toalha e abandonar um projeto. *Let's* indica uma decisão ou uma sugestão. *To call off* significa "cancelar" ou "abandonar". Certamente, podemos substituir *the whole thing* por algo mais concreto.

- 1) Okay, you don't love me and I don't love you; **let's call the whole thing off**.

  2) Having only sold 10% of the concert tickets by the day of the concert, the promoters opted **to call it off**.

to put (something) to bed
concluir um assunto
acabar uma partida
pôr fim a um problema

A expressão é bastante descritiva, principalmente para os que são pais: quando se coloca o filho na cama, pode-se relaxar porque por hoje acabou a guerra. E se faz o mesmo com qualquer outro tema que se tenha de despachar. É uma locução informal, mas sem conotações sexuais. Também se utiliza a expressão *let's put that one to bed*.

- They're winning 1-0 but they really need another goal **to put** this game **to bed**.

MAKING TRACKS

IR EMBORA OU FICAR

ir embora

to get moving
to get going
to make tracks
to beat it
to take off
ir embora
ir andando
partir

to shove off
mandar-se
picar-se
picar a mula

to piss off*
vazar

Cinco maneiras informais de indicar que vamos embora. As três primeiras não ofendem nem a rainha, mas *shove off* é muito informal e, em geral, é usada no imperativo com o sentido de "vá!" ou "deixe-me em paz!". *Beat it* e *take off* são mais norte-americanas. *Piss off* é vulgar e também não deve ser usada diante da família real. Pode-se usar, ainda, no imperativo, com o sentido de "que se danem!". Atenção! Como adjetivo, *pissed off* na Grã-Bretanha significa "zangado"; nos Estados Unidos se diz *pissed*, sem o *off* (este último no inglês britânico significa "bêbado").

○ —Is that everything for today?
—Yes. Time **to get moving**, I think.
—Okay, bye then.

ficar

to hang around
to stick around
ficar

Dois verbos coloquiais que expressam a mesma ideia.

○ —Is it okay if I **stick around**?
—I was hoping you would.

to hang out
passar o tempo
matar o tempo

Foi criada na época *hippie* e tem o sentido de ficar à espera ou simplesmente ficar em um lugar sem fazer nada de especial. Atualmente, esse continua sendo o comportamento preferido dos adolescentes quando se reúnem.

- —What is it that you do with those friends of yours?
  —Nothing. We just **hang out**.
  —Fascinating.

to hold the fort
ficar a cargo
to mind the shop
ficar à frente

Duas maneiras de expressar que alguém fica à frente de algo quando os demais desistiram ou tiveram de partir. A primeira lembra um *western*, a imagem de não deixar que o forte caia nas mãos do inimigo. A segunda tem uma origem menos épica: faz referência ao fato de ficar cuidando da loja enquanto os donos estão fora.

- —I have to pop out for a quarter of an hour to sort out something at the bank. Could you **hold the fort** for 15 minutes?
  —Sure.

to stay put
não se mover
ficar por ali

Outro verbo coloquial que expressa a ideia de ficar em um lugar, principalmente se isso implica uma atitude de resistência ou teimosia (dependendo do ponto de vista).

- —Everyone's going out; are you going to join us?
  —No thanks, I'll **stay put**.

COMING THROUGH

MELHORAR OU PIORAR

melhorar

to come through (in the end)
to come through/up with the goods
sair-se bem
acabar bem
superar (uma situação)
conseguir (fazer algo)

Estas são duas maneiras de indicar que algo ou alguém superou com sucesso uma situação complicada. Normalmente, são utilizadas no passado.

○ —Well, there's been a lot of concern recently about her poor form in training, but she's just won the 200 metres in a new European record time!
—Yes, I always had the feeling she would **come through**.

to get it together
acordar
preparar-se
situar-se
controlar-se
to get one's act together
to get one's shit together*
organizar-se
melhorar

To get it together indica que uma pessoa tem de mudar sua atitude de uma vez por todas, porque está prejudicando alguém ou porque, pessoalmente, não consegue sair do buraco. Costuma expressar uma recomendação. A segunda expressão (*to get one's act together*) é mais informal, e a terceira é seu equivalente vulgar.

○ 1) —Sorry, I know I've been a bit unfocused recently; I know I've got **to get it together**.
—Good to hear you say it.

2) —Yeah, sorry, I know it was supposed to be ready for this morning...
—Come on! **Get your act together**.

pull your socks up
faça um esforço
arregaçar as mangas

Pull your socks up é uma expressão muito descritiva: dizemos a alguém que suba as meias (*socks*). Dessa forma, recuperará a compostura e estará preparado para o que vier. É o que os pais costumam dizer aos filhos.

- If you don't **pull your socks up**, you won't get a place in Medical School; you know that, don't you?

piorar

to go from bad to worse
ir de mal a pior

Expressão idêntica à equivalente em português.

- We used to complain about the previous management but under the present one, things seem to **have gone from bad to worse**.

to go to pot
fracassar
to go to the dogs
deixar-se perder
cair fundo

A primeira expressão, curiosamente, origina-se do fato de cortar os ingredientes em pedaços pequenos antes de colocá-los na panela (*pot*). Não parece algo muito dramático, não é? A questão é que, hoje em dia, tem uma conotação negativa. A segunda indica, principalmente, uma piora moral ou pelo menos de hábitos. Originou-se da suposta falta de moralidade associada ao fato de assistir às corridas de galgos.

- In the past, this company had high standards of customer service, but since privatisation all that **has gone to the dogs**. Now it's about maximising profit and nothing else.

FLAVOUR OF THE MONTH

SUCESSO OU FRACASSO

sucesso

the best thing since sliced bread
a oitava maravilha do mundo

A invenção do pão de forma (*slice bread*), em meados do século XX, fez tanto sucesso que os publicitários o aproveitavam nos anúncios para descrever algo excelente ou fora de série. Aplica-se também a pessoas inovadoras e talentosas.

- Better quality table wine sold in cartons didn't sell well at first in Spain, because of the carton's associations with low quality products, but now for parties people are starting to say that bag-in-box, or carton wine, is **the best thing since sliced bread**. Nice packaging. Large cartons. No need for corkscrews. No broken glass. No problem with leftover wine.

best practice
boas práticas
benchmarking
ponto de referência

Dois termos parecidos para indicar um excelente nível de trabalho ou de serviço e que deve marcar a linha em que se atuará. São substantivos não contáveis, embora *benchmark* possa funcionar também como verbo, como no exemplo.

- The purpose of this committee is to find and recognise **best practices** among all our branches and then find ways to **benchmark** that, in order to be able to provide the highest standards of customer service.

to break even
to cover costs
cobrir os gastos
to make a profit
obter lucro

É normal que um negócio novo não obtenha lucros (*profits*) – principalmente durante o primeiro ano –, ou até mesmo sofra algum prejuízo. No entanto, espera-se que, dentro de algum tempo, não haja perdas e que o balanço seja zero, ou que, no mínimo, todos os gastos possam ser cobertos (*break even/cover costs*). Estas duas expressões são equivalentes, mas têm uma ênfase diferente: *cover costs* é utilizada para uma ocasião específica e *break even* é mais geral – por exemplo, para definir o fim do ano fiscal.

O From a modest profit four years ago, the company started making a small loss and has only started **to break even** again in the last year. At the moment we're covering costs, but not much more.

to come up with the goods
cumprir com o prometido
promessa é dívida

Indica que se cumpriu uma promessa.

O Senator, you made some huge promises in your electoral campaign. Now that you're in power, when are you going to **come up with the goods**?

(to be) the flavour of the month
(estar) na moda

Expressão que vem do universo dos sorvetes. Ao que parece, promovia-se um sabor diferente a cada mês. Aplica-se a qualquer coisa que esteja na moda, com um sentido efêmero.

O If I were you I'd avoid Heinrich for a few days. After what you said in front of those clients after dinner last night, you're not exactly **the flavour of the month**.

SUCESSO OU FRACASSO

game, set and match
ponto para...
fim de jogo

Esta expressão vem do mundo do tênis; literalmente significa "jogo, set e dividida". Diz-se no momento em que o tenista ganha a partida. Em sentido metafórico, é utilizada em muitas situações para indicar que foi uma vitória rematada.

> In the televised presidential debate, the current president was shown to be defending the same policies that he attacked when he was in opposition. **Game, set and match** to his opponent.

home and dry
home and hosed
respirar tranquilo
ter a vitória garantida

it's in the bag
está no papo
está ganho

As duas primeiras expressões originam-se do mundo do hipismo. *Home and dry* fala de quando um cavalo ganhou uma corrida, chegou em casa (*home*) e seu suor já secou (*dry*). Na Austrália e na Nova Zelândia, diz-se *home and hosed* (*hosed* significa literalmente "banhado com uma mangueira"). *It's in the bag* vem do mundo da caça e da pesca (lembra a imagem de um coelho, por exemplo, que foi abatido e já está na mochila pronto para ser levado para casa).

> 1) You did the interview well, I hear. You're **home and dry**, my friend.
>
> 2) With only two games to go to the end of the season and four points more than their nearest rivals, they could be forgiven for thinking that they're **home and hosed**.
>
> 3) That was a great presentation, Dave. This one's **in the bag**!

if you can't beat them, join them
se você não pode vencê-los, junte-se a eles

Frase usada para justificar que uma pessoa se aliou ao inimigo, ou simplesmente para reconhecer uma causa perdida e passar para o lado vencedor.

- —I never thought I'd see you studying Law.
  —Well, **if you can't beat them, join them**.

innit to winnit
estamos aqui para vencer

Expressão informal que indica uma grande ambição pela vitória. É mais inglês oral, do que escrito. É uma forma abreviada que se originou da expressão *(to be) in it to win it*.

- —Do you really think you have a chance of getting this contract?
  —Oh definitely, we're **innit to winnit**.

to jump on the bandwagon
subir na boleia

Nos Estados Unidos, *bandwagon* era um carro puxado por cavalos que transportava os músicos itinerantes de aldeia em aldeia. Subir no *bandwagon* era uma forma de aderir a um projeto, uma ideia ou uma moda que tinha tudo para triunfar. Tem, portanto, o sentido de alguém que se aproveita de um sucesso que não lhe corresponde.

- Suddenly, everyone seems to be a supporter of ours these days. Because we're so successful maybe, they all want **to jump on the bandwagon**.

to make good
to come through

triunfar
vencer
sair-se bem

Dois verbos que indicam que a perseverança rendeu seus frutos, embora ninguém desse nada por isso. É acompanhado de *with flying colours* quando o sucesso foi total. Por exemplo: *She came through with flying colours in the end*, "no final, ela se saiu muito bem".

- Despite growing up poor and handicapped in one of the town's most depressed neighbourhoods, he **made good**, and has become an articulate, successful politician who has made real changes to the district.

(to be) on a roll
on a winning streak
em uma onda de sorte
em uma maré de sorte

As duas expressões significam que alguém está em uma maré de sorte. *To be on a roll* origina-se do surf: pense em uma onda (*roll*) que quebra de maneira perfeita. *A winning streak* ocorre quando, no jogo, a sorte nos acompanha repetidas vezes.

- 1) —So, Dani, another victory away from home. That makes it three out of three.
  —Yes, we didn't have a very good start to the season, but I think **we're on a roll** now.

  2) Let's go for it now; we're **on a winning streak**.

(to be) on form
estar em forma
estar numa maré boa

(to be) off form
estar fora de forma
estar numa maré baixa

Preste atenção! Só muda a preposição *on/off*.

○ 1) Everybody thinks it'll last forever when they're **on form**.

2) The leading mezzo-soprano was **off form** last night and was criticized mercilessly by the audience.

to play a blinder
jogar maravilhosamente
ter um desempenho incrível

Significa que um indivíduo ou uma equipe jogou de maneira destacada, embora isso não queira dizer obrigatoriamente que tenha vencido. Costuma-se usar esta expressão em contextos desportivos e, em geral, para se referir a um debate político.

○ He **played a blinder** in the semis against Argentina, and fully deserved the man-of-the-match award.

to run rings round someone
deu de dez em alguém
deu uma surra

Demonstrar muito mais experiência ou habilidade que o rival.

○ We didn't just win! We **ran rings round** them!

to sell like hot cakes
vender como água

Expressão muito comum, principalmente, nos Estados Unidos. Usa-se para qualquer coisa que vende bem.

○ When can you get me more stock of these earphones? They're **selling like hot cakes**.

to take someone to the cleaners
dar a alguém o merecido cobrar com juros levar à falência

Expressa o fato de exigir o máximo de justiça, vingança ou recompensa de alguém que, de alguma maneira, feriu outra pessoa. É preciso dizê-la de modo contundente. Também pode significar "deixar na penúria".

○ His creditors **took him to the cleaners** after his massive fraud got into the media, and the legal system started its slow motions. But rumour has it that he had managed to squirrel quite a lot of money away in a couple of Swiss bank accounts.

to win hands down
ganhar sem fazer força vencer com a maior facilidade

A vitória será tão fácil que a pessoa não precisará nem se mexer. Esta expressão pode ser utilizada no passado, no presente ou no futuro.

○ —Hey, we **won hands down**!
—Well done, darling. What did you win?

to wipe/sweep the board with someone
varrer (alguém) do mapa esmagar (alguém) destruir (alguém)

Ganhar de forma avassaladora em qualquer campo, seja no esporte, na política, nos negócios etc. Literalmente, *to wipe* significa "limpar", "passar o pano", e *to sweep* significa "varrer".

○ I don't want to play chess with him ever again. He **wipes the board with** me.

fracasso

(to be) a non-starter
impossível
fadado ao fracasso

É uma situação sem esperanças desde o início e, por isso, não foi resolvida. Provém do mundo do hipismo, quando um cavalo se retirava da corrida antes de ela começar.

- Why did you think you'd be happy with him? That relationship was **a non-starter**.

don't call us, we'll call you
logo o chamaremos

Típica frase dita depois de uma entrevista de trabalho quando, provavelmente, não vão lhe oferecer o cargo. Hoje é utilizada para expressar rejeição em várias situações.

- —How was your date last night?
  —**Don't call us, we'll call you**! He was the dullest thing.

to fight a losing battle
travar uma batalha perdida
lutar por uma causa perdida

Lembre-se de que *fight* é um verbo irregular. No passado e no particípio passado diz-se *fought*.

- You're **fighting a losing battle** you know, your son just doesn't want to study.

a (bit of a/complete) flop
a fizz
um (completo) fracasso
uma droga

Em um momento do livro (e do filme), entrevistam Bridget Jones para um cargo de jornalista e lhe perguntam *What do you think of El Niño?* Ela não sabe que El Niño é um fenômeno climático e responde: *it's a fizz; latin music is a fizz*.

- —How did your romantic weekend go?
  —**A complete flop**. Let's talk about something else.

to throw in the towel
jogar a toalha

Quando um boxeador não pode mais, seu treinador atira a toalha no ringue. *Throw in the towel*, como em português, significa que uma pessoa não vai continuar tentando. Pode ser utilizada em situações passadas, presentes ou futuras e em contextos como o amor, o esporte ou a política. *Throw* é irregular. O passado é *threw* e o particípio passado *thrown*.

O If you think I'm going to **throw in the towel** after one rejection, you're mistaken.

a white elephant
um elefante branco

A expressão é utilizada para representar a inutilidade de um projeto de grandes dimensões que, além disso, foi caríssimo e, ainda por cima, um fiasco. Por exemplo, na opinião de alguns, o Fórum Universal das Culturas de Barcelona (2004).

O It was supposed to be the best theme park in southern Europe, but 10 years and millions of Euros later, it was **a** complete **white elephant**.

you win a few
you lose a few
algumas vezes se ganha, outras se perde

Expressão que o perdedor usa depois de uma derrota em qualquer âmbito: no esporte, no trabalho, na política, no amor, na família etc.

O —Are you disappointed with today's result?
—Of course we're not happy, but it's an experience we can learn from. In this game, **you win a few** and **you lose a few**. Next question?

ON THE LEVEL

VERDADE OU MENTIRA

verdade

(there's) many a true word (spoken in jest)
brincando também se diz a verdade

É uma forma de responder a um comentário dito de brincadeira (*spoken in jest*), que surpreende por ser verdadeiro ou sábio. A expressão em sua forma escrita é conhecida desde *Os contos de Canterbury* (1390), de Geoffrey Chaucer, o segundo poeta mais importante da língua inglesa, que a colocou na boca de um cozinheiro. Em 1605, Shakespeare a utilizou em *O rei Lear,* atribuindo seu sentido atual.

- —That's why authoritarian regimes tend not to like stage comedies. **Many a true word is spoken in jest**, and dictators know that. They'd much rather have folk dancing, slapstick and football as entertainment.
  —Excuse me; have you put on the TV lately?

(to be) on the level
straight up

estou falando sério
é sério

Duas formas de indicar que aquilo que uma pessoa diz é verdade, embora não pareça.

- No, I didn't get a flight because they were 750 Euros. Yes, 750. **On the level**.

out of the mouths of babes
*a verdade na boca
das crianças*

É o que se diz quando uma criança pequena solta um comentário que não é próprio de sua idade, mas faz sentido. Sua origem é bíblica (Salmos 8:2 e Mateus 21:16).

- —Uncle Pat looks unhappy!
  —Be quiet!
  —No, no, let her be; she's right. **Out of the mouths of babes...** Is there something wrong, Pat? Something you want to tell us?

the real thing
*a coisa de verdade
o definitivo*

É utilizada principalmente em contraste com um ensaio; por exemplo, em um contexto militar, no teatro, diante de um cliente real etc.

- Okay, we've been through the presentation three times now; tomorrow we've got **the real thing** in front of 150 potential clients. Go home and get a good night's sleep.

**to tell you the truth
truth to tell**
para falar a verdade
I tell a lie
minto

As duas primeiras são formas de indicar que o que segue é muito sincero. *I tell a lie* se usa para indicar que uma pessoa vai se corrigir.

- —We're running late for the theatre. What time does the play start?
  —Nine o'clock... No, hang on; **I tell a lie**, it's nine thirty.

**truth will out
it'll all come out
in the wash**
*no final, a verdade sempre
aparece*

Duas expressões que indicam que, no final, a verdade acabará aparecendo.

- You may be able to keep this quiet for now, but sooner or later, maybe with a change of governing party, **it'll all come out in the wash**, and I wouldn't want to be in your shoes then.

mentira

don't believe the hype
não acredite em tudo que lhe dizem
isso é conversa fiada

A palavra *hype* começou a ser utilizada nos anos 1920 nos Estados Unidos para se referir ao costume que alguns vendedores tinham de dar o troco errado. Hoje, refere-se ao fato de desconfiar do excesso de qualidades que a publicidade e os meios de comunicação em geral atribuem a algo. Existe, nesse sentido, também como verbo: to *hype something/someone up* (promover excessivamente algo ou alguém). Talvez esta expressão chame sua atenção, porque é o título de uma canção do grupo de rap *Public Enemy*.

○ —They say this new iPhone is a whole generation ahead of what was on the market before.
—Well, **don't believe** all **the hype**; there are still quite a few problems with it.

(to be) in denial (about something)
não querer reconhecer algo

Expressão muito atual que indica que alguém não está disposto a aceitar uma realidade.

○ There's a story by Borges in which he meets himself as a younger man, and talks to this himself as a man 50 years younger, about the world and how it has or has not changed. The older Borges tells the younger one that the United States is still an empire **in denial**; it pretends not to be an empire, which allows it to avoid responsibility.

to kid/fool (oneself/someone)
enganar-se/enganar alguém

Expressam a mesma ideia, mas com *kid*, literalmente "jovem", é mais informal do que com *fool*, que significa literalmente "tolo".

> —I think a new government would solve most of our problems.
> —Don't **kid yourself**. They wouldn't be doing anything very different.

to pay lip service (to something)
dizer algo só da boca para fora

Esta expressão significa apoiar algo publicamente, com palavras bonitas, mas colocar poucas ações em prática na hora da verdade.

> Our party, if elected, will do much more than **pay lip service** to solving the environmental problems affecting the planet.

to pull someone's leg
tirar sarro (da cara) de alguém
tirar onda com (a cara de) alguém

Em inglês, "puxar a perna". Admite, é claro, qualquer tempo verbal e qualquer pronome.

> —I'm leaving my job three months from now.
> —You're **pulling my leg**. You've only got five years to go before you retire!
> —No, they've offered me a decent retirement package, and I'm young enough to enjoy it.

to pull the wool over your/their eyes
enganar alguém
pôr uma venda nos olhos de alguém
comprar gato por lebre

A origem desta expressão é encontrada nos tempos em que era muito habitual usar gorro de lã. Alguém podia impedi-lo de enxergar baixando seu gorro e tapando seus olhos.

> —I don't know why you seem to believe everything these people say about themselves on dating sites. It's the easiest thing in the world **to pull the wool over** someone's **eyes** if you're meeting on the Internet.
> —And is it very different if you meet someone somewhere else?

a red herring
pista falsa
estratagema
a smoke screen
cortina de fumaça

A *red herring* (literalmente, "um arenque vermelho") é uma expressão que se usa para deixar claro que alguém preparou pistas falsas de propósito para despistar. O uso de "arenque vermelho" provém do arenque defumado (peixe que, quando defumado, fica vermelho) usado para despistar os cães quando eram adestrados para a caça. *Smoke screen* indica claramente que se está ocultando uma informação.

> —Do you think they're right to deport all those gypsies from France?
> —That's not the real question. It's a **red herring**; an unpopular government creates a **smoke screen** to deflect attention from its unpopularity by creating a law and order issue.

I smell a rat
aqui tem coisa
isso não está me
cheirando bem

Qual é o cheiro de uma ratazana? Apesar de poucos saberem, em inglês existe uma expressão que reflete isso. No entanto, o significado não poderia ser diferente.

> So suddenly your daughter can't study at home anymore, and has to go to a friend's house to study for the whole weekend? And this friend happens to live next to the beach? **I smell a rat**.

spin
interpretação favorável
enfoque positivo
spin doctor
assessor de imagem

O termo *spin*, literalmente "tecer" ou "fazer algo girar", é utilizado em política para descrever uma mentira, concretamente o fato de dar ao assunto uma interpretação favorável. Um *spin doctor* é alguém que exerce o nobre ofício de manipular a informação.

> The Government's **spin** on declining standards in education doesn't fool anybody. Ask any teacher, ask any parent.

to take something with a pinch of salt
*aceitar (algo) com reservas
não acreditar piamente em algo
encarar (algo) com desconfiança*

Esta expressão origina-se da locução latina *cum grano salis* (com um grão de sal). Significa que é recomendável um pouco de prudência e ceticismo quando nos dão alguma informação. Antigamente, o sal era um antídoto para os venenos e, por isso, se uma pessoa era ameaçada de ser envenenada, deveria, por precaução, ingerir um grão de sal. No inglês norte-americano também se diz *to take something with a grain of salt*.

O —Gatsby told me that he was at Cambridge. I wonder what he studied.
—Well, I'd take that with **a pinch of salt** if I were you. He might have been there, but I don't think he was a student there.

**tell me another one
pull the other one**
*conta outra!
vou fingir que acredito*
you're putting me on
você está me gozando
you're joking
*está de brincadeira?
você não está falando sério*

Quatro formas de pôr em dúvida o que acabamos de ouvir. Na primeira, *one* se refere a *joke* (brincadeira), e, na segunda, a *leg* (ver *to pull someone's leg*).

O —I've just seen Penelope Cruz having a coffee in the bar round the corner!
—Right, right; with Javier Bardem and Woody Allen. **Pull the other one**!

LONG TIME NO SEE

SAUDAÇÕES E DESPEDIDAS

saudações

gidday
g'day
oi
olá

Gidday é a saudação informal número um *down under* (ou seja, na Austrália e na Nova Zelândia). É uma derivação de *good day*. Para dizê-la bem, é preciso pronunciar mais com o nariz do que com a boca.

○ —**Gidday** Neil, how are you going?
—Can't complain, mate; can't complain.

how are you doing?
how are things?
como vai você?
como está?
como vão as coisas?

São saudações frequentes entre amigos na maioria dos países de língua inglesa. São perguntas e requerem uma resposta.

○ —Hi, Cris, **how are things?**
—Not too bad.

how's it going?
como tem passado?

Esta é uma maneira informal de saudar ou perguntar pelo estado de algo ou alguém.

○ —**How's it going**, Anita?
—OK. You?

long time no see
há quanto tempo não o vejo!

É uma forma sintética para dizer *I haven't seen you for a long time*.

○ Gemma! **Long time no see**.

SAUDAÇÕES E DESPEDIDAS 105

what's the crack?	Esta expressão sempre acaba sendo dita entre irlandeses. É uma saudação informal, mas também serve para perguntar como vai, como está o ambiente ou o que há por trás de algo.
que tal?	

> —Eamon! **What's the crack**, man?
> —You're alright, Myles?
> —Can't complain.

what's up?	É uma saudação frequente entre amigos jovens norte-americanos. É uma pergunta, mas nem sempre requer uma resposta.
o que há?	
tudo bem?	

> —Hey man, **what's up?**
> —Hey.

despedidas

all the best
tudo de bom!
um abraço!
take care
cuide-se
have a good one
have a nice day
tenha um bom dia

Todas são expressões para se despedir de alguém, tanto diretamente quanto por e-mail, por exemplo. A primeira vem de *best wishes* e antes era usada, por exemplo, quando o interlocutor viajava ou se preparava para um jogo, uma atuação, uma entrevista, uma prova ou um encontro romântico. Ou seja, coisas que podem dar errado. *Take care* parece levar muito em conta que *the world is a dangerous place*, além de ser mais informal e muito mais usada que as outras. A que se refere *one*, na terceira? Substitui, por exemplo, o dia ou umas férias.

> —See you on Monday, Natasha.
> —Yeah, bye now. Doing anything this weekend?
> —Yeah, we're going skiing.
> —Great. **Have a good one**!
> —Yeah, you too.

cheers
até logo
obrigado(a)

É uma forma breve e coloquial de dizer tanto "obrigado(a)" como "até logo". É muito comum entre os britânicos, mas nem tanto entre as britânicas, curiosamente. Embora a razão disso não esteja clara, talvez elas prefiram se despedir mais demoradamente...

🟠 —Okay, **cheers**, Kevin.
 —**Cheers**, Andy.

I'll have to love you and leave you
vou me despedindo, pois tenho de ir embora agora

Esta é uma forma carinhosa de terminar uma conversa. É uma expressão muito habitual no Reino Unido e em países da Commonwealth, mas não tanto nos Estados Unidos. É preciso enfatizar os verbos, senão soa um pouco estranho. Admite outros pronomes além do *I*.

🟠 —Well, it's been a lovely evening, but **we'll have to love you and leave you**.
 —Okay, it's been great seeing you again.

I'm out of here
vou indo
I'm off
vou nessa
fui

Outras duas formas de indicar que uma pessoa está indo embora, porém desta vez mais informais, embora a primeira seja *polite*. *I'm out of here* é muito direta e quer dizer praticamente " fui".

🟠 —Shit, is that the time? **I'm out of here**.
 —Okay, catch you later.

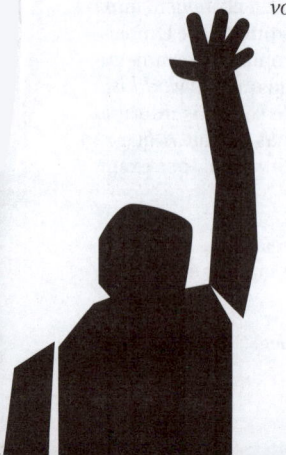

nice meeting you
encantado em conhecê-lo
prazer em conhecê-lo
muito prazer

É uma forma educada, porém breve, de dizer *it was nice meeting you*, que significa que, da minha parte, a conversa terminou. Usa-se tanto para um conhecido como para uma pessoa que se acaba de conhecer. Na língua oral, costuma-se omitir *it was*.

○ —**Nice meeting you**, Mr. Mishima.
—My pleasure. And please call me Yukio when we meet again.

so long
até logo
see you
nos vemos

Duas despedidas informais e comuns em todos os países de língua inglesa.

○ —Don't forget to send me an email as soon as you get to Australia, darling.
—Yeah, **so long**, Mum.

shall we get going?
vamos?
let's make a move
venha, vamos
I ought to make a move
preciso ir andando

Três formas para expressar que temos de ir embora. A primeira é uma pergunta, uma indireta ou uma sugestão clara, e requer uma resposta por parte do interlocutor. *Let's make a move* é parecida, mas não é uma forma interrogativa e, portanto, não requer necessariamente uma resposta; é mais direta, mas também bastante *polite*. *I ought to make a move* é um pouco mais informal e expressa uma decisão que já foi tomada. Certamente, também pode ser utilizada com *We*.

○ —**Shall we get going?** We want to avoid the traffic on the way back if we can.
—I suppose you're right.

we really must get together some time
we really must meet up some time
vamos ver se nos vemos algum dia
espero que nos vejamos em breve

Tanto uma como outra expressam o desejo de voltar a se encontrar, mas sem fixar uma data concreta. Ambas são formas educadas, porém clsaras, de terminar a conversa e se despedir. São utilizadas, essencialmente, para terminar bem a conversa, e podem ser direcionadas tanto a um conhecido como a uma pessoa que se acaba de conhecer.

○ —We really must get together some time.
—Okay, I'll give you a bell next week.

well, I won't keep you
well, I mustn't keep you
não quero prendê-lo
não quero perturbá-lo

Estas duas frases são maneiras sutis de se despedir de alguém e, assim, dar por encerrada a conversa.

○ —Well, **I won't keep you**; I can see you're busy.
—Okay, see you again sometime.

DO YOU MIND ?

CORTESIA OU FALTA DE EDUCAÇÃO

boas maneiras

be my guest
vá em frente
a casa é sua
sinta-se em casa

Resposta elegante diante de um pedido cortês, em que também se dá permissão.

- —These drawings are yours, aren't they? May I have a look at them?
  —**Be my guest**.

to do the honours
fazer as honras da casa

Típica expressão utilizada na hora de servir a mesa. *Shall I do the honours?* se diz quando o anfitrião está ausente ou ocupado e alguém se oferece para servir a comida. A resposta sempre deve ser afirmativa.

- —Shall I **do the honours**?
  —Yes, why not?

do you mind?
would you mind?
você se incomoda?
você não se importa, não é?
você me permite?

Dependendo do contexto, a tradução poderá variar muito, mas ambas servem para pedir licença de uma forma educada. Um exemplo: no filme *Quatro casamentos e um funeral*, o sempre educado Hugh Grant acaba de conhecer aquela que vai ser a mulher da sua vida. No bar do hotel, ela tenta escapar de um impertinente, e Grant se vê na obrigação social de tomar alguns drinques com ele.

A moça, através do garçom, manda-lhe uma mensagem para que vá em seguida ao quarto de casal que eles supostamente têm. Hugh Grant pede licença ao impertinente com um elegante, porém eficiente, *do you mind*?

- —**Do you mind?**
  —No, not at all. Go ahead.

don't mind me
não se incomodem comigo
não liguem para mim
façam de conta que não estou aqui

Esta expressão tão educada é utilizada para informar aos demais que continuem a fazer o que estavam fazendo, porque a pessoa não quer incomodá-los ou interferir.

- —Sorry, I didn't see you there.
  —Oh, **don't mind me**.

don't stand on ceremony
deixem de cerimônias
deixem as formalidades de lado

Frase curiosamente formal que se usa para convidar as visitas a não se importarem com o protocolo. Responde-se dizendo *thank you* ou simplesmente fazendo o que tiver vontade (começar a comer, a beber, sentar-se...).

- —Please sit down; **don't stand on ceremony**.
  —Oh, thank you.

feel free (to...)
não hesite (em fazer algo)
fique à vontade
(fazer algo) com total liberdade

Usa-se, por exemplo, para animar as visitas a fazer algo, por exemplo, atirarem-se na piscina, darem uma volta pela casa, colocarem-se à vontade etc. A ênfase é colocada em *free*.

- While you're here, please **feel free** to use all the hotel's facilities.

CORTESIA OU FALTA DE EDUCAÇÃO

help yourself
serve yourself
sirva-se à vontade

Frases padrão usadas pelo anfitrião para que os convidados saibam que podem se servir da comida que quiserem.

○ —Oh, all this food looks lovely!
—Please **help yourself**.

how nice!
que bonito!

Frase muito útil para sair de uma situação embaraçosa quando a pessoa fica pensando em algo melhor para dizer. Existem versões mais açucaradas, como *how sweet*.

○ —And this is the herb garden...
—**How nice!**

I appreciate that
sou-lhe muito grato
that means a lot to me
isso significa muito para mim

Duas formas educadas de agradecer a alguém por algo que fez. A segunda expressa um maior grau de agradecimento.

○ —I wrote to the Immigration Authority to give them a testimonial about your daughter.
—Thank you; **that means a lot to me**.

I'd rather not, if you don't mind
é melhor não, se não se importa

Frase *polite* para recusar algo, seja um convite, outro drinque...

○ —More vodka?
—**I'd rather not, if you don't mind**.

I don't mind if I do
that's very kind of you
muito amável da sua parte
é muita gentileza sua

Duas maneiras de mostrar-se agradecido ao aceitar o que lhe foi oferecido.

○ —More vodka?
—**I don't mind if I do**.

I hate to bother you
sinto muito incomodá-lo
não gostaria de
interrompê-lo

Expressão muito cortês utilizada quando temos de interromper algo ou alguém. Normalmente vai seguida de *but* e do motivo da interrupção.

○ Excuse me, **I hate to bother you**, but I think your car is blocking the exit.

ladies first
primeiro as damas

Expressão clássica que expressa cavalheirismo.

○ —**Ladies first**.
—Thank you very much; I didn't know that gentlemen still existed.

need a hand?
posso te dar uma mão?
quer uma mãozinha?
precisa de ajuda?
precisa de uma força?

Expressão concisa para oferecer sua ajuda, quase igual à equivalente em português.

○ —**Need a hand?**
—Thanks, I wouldn't mind actually. Can you...?

sorry
excuse me
perdão
com licença

"Sorry" seems to be the hardest word, dizia a letra de uma canção de Elton John, mas pelo menos na Grã-Bretanha é a palavra de uso mais frequente. Usa-se para atrair a atenção de alguém, fazer uma pergunta, iniciar uma conversa, pedir que alguém saia do caminho e, inclusive, para pedir perdão. Para variar, pode-se empregar *Excuse me*.

○ —**Sorry**, do you know the way to San José?
—Hey, are you English?

to take it in turns
alternar-se (para fazer algo)
first come, first served
por (rigorosa) ordem de chegada

First come, first served é uma expressão útil se alguém tenta furar fila (pecado mortal na Grã-Bretanha), para deixar claro que os que chegaram primeiro devem ser atendidos antes.

- —Look, there are only seats for four people and there are six of us.
  —Well let's **take it in turns**, shall we?

will that do?
está bem assim?
it'll do
that'll do
assim está bem
está ótimo

Este é um uso especial de *do* com o sentido de "ser suficiente", "servir", "bastar". *That'll do* em tom irritado também expressa algo do tipo "já basta!"

- —**Will that do?**
  —**That'll do** fine; thanks a lot. See you next week.

falta de educação

to answer (someone) back
(to be) lippy
to give someone lip
responder com maus modos
ser mal-educado
ser indelicado

Expressões usadas em relações hierárquicas, como entre pai e filho ou professor e aluno, muitas vezes no imperativo negativo (ou seja, precedido de *don't*).

- Did you notice the way her kids **answer** her **back**, in front of everyone?

to butt in
interromper
meter-se
meter a colher
meter o bedelho

Interromper grosseiramente, pelo menos do ponto de vista daquele que usa esta expressão. É possível fazer uma interrupção de maneira um pouco mais educada, dizendo *May I just butt in here?* ou *Sorry to butt in, but...*

> Every time the Minister tried to answer a question, the journalist **butted in** with a new one.

close to home
close to the bone
pessoal demais
num tom elevado
passar dos limites

Estas duas expressões são usadas quando alguém faz um comentário forte que, embora seja verdadeiro, pode soar invasivo, grosseiro. *Close to the bone* também serve para descrever uma brincadeira que ultrapassa os limites do aceitável. Podem ser matizadas acrescentando-se *too* ou *a bit* antes. Também se diz *near to the bone*.

> That comment you made about relationships was a bit **close to the bone**. I wish you wouldn't say things like that when we're in company.

to hog something
to hog someone
apossar-se
monopolizar

Emprega-se quando uma ou várias pessoas querem ter acesso a algo ou a alguém, mas uma pessoa o está monopolizando.

> Hey, **don't hog** the stereo! Let someone else choose the music from time to time!

to jump the queue
furar a fila

Atenção! Intrometer-se, furar uma fila, são atitudes muito malvistas na Grã-Bretanha. Esta expressão é geralmente usada no imperativo negativo: *don't jump the queue*. Nos Estados Unidos diz-se *jump the line*.

> —Excuse me! I think you've just **jumped the queue**!
> —Sorry, I didn't realise...

COME AGAIN ?

INCREDULIDADE, SURPRESA

(to be) a blast from the past
um retorno ao passado

Blast significa "explosão" ou "rajada de vento", embora aqui se refira a algo contundente que surpreende devido à sua associação com um passado frequentemente muito distante.

- ... so that was the latest single by Amy Winehouse, and now a **blast from the past**; here's The Archies with *Sugar, sugar*. For all you oldies out there; does this take you back to 1969?

a turn-up for the book
que surpresa!
por isso eu não esperava

Algo totalmente inesperado, uma grande surpresa, que pode ser ou não agradável.

- —So in the first round, both France and Italy have been eliminated!
  —Yes, that really is **a turn-up for the book**; a lot of people thought those two teams could be contenders for the final.

are you for real?
está falando sério?
está brincando?

Expressão informal de suspeita em relação a alguém por algo incompreensível ou insólito que a pessoa acaba de dizer.

- —I decided to come here and help you people in the Bronx, so here I am. What do you need?
  —**Are you for real?**

come again?
como é?
o quê?

Maneira informal de expressar que uma pessoa não está dando crédito ao que ouve.

- —I've decided to take a sabbatical year, rent my house out and go work as a volunteer on a project in Namibia. I thought you might like to come too.
  —**Come again?**

come off it!
ah, vá!
não diga bobagem!

Maneira informal de expressar ceticismo e incredulidade, principalmente se a pessoa suspeita que o outro está tentando enganá-lo.

- —I think you're the most fascinating woman I've ever met.
  —Me? **Come off it!**

come on!
ora, vamos!
não acredito!

Expressão informal de incredulidade.

- —I've joined a yoga class.
  —You? **Come on!**

fancy that!
imagine!
veja só!

Uma expressão que manifesta surpresa diante do que foi dito. A surpresa pode ser ou não agradável. Também pode ser usada em tom irônico. (Ver *well, I never!*)

- —And she asked him to marry her, did you hear?
  —**Fancy that!**

no kidding?
não me diga?
está falando sério?

Sua origem é norte-americana, mas hoje em dia é usada em todos os países de língua inglesa.

- —There was a spot of trouble here last night.
  —**No kidding?**

INCREDULIDADE, SURPRESA

no shit?*
não me diga!
jura?

No inglês norte-americano, é utilizado em tom irônico quando alguém diz algo óbvio.

○ —Look at all this food ready! They must have been expecting guests.
—**No shit?**

no wonder
não me espanta

Expressa uma surpresa, porque *no wonder* é o que se diz quando alguém fica sabendo de algo que explica o que antes não o foi. Portanto, é dito em tom de "ah, agora estou entendendo tudo!"

○ —Have you heard that Antonia's husband has just left her?
—Really? **No wonder** she wasn't especially communicative today.

really?
é mesmo?
está falando sério?

Uma maneira suave de questionar algo.

○ —Sorry, you're not allowed in there.
—**Really?**

says who?
quem disse?

Empregado para questionar algo de maneira mais agressiva.

○ —Sorry, you're not allowed in there.
—**Says who?**

well, I never!
não me diga!
não posso acreditar!
ah, vá!

Expressão de surpresa contida depois de escutar algo insólito. Possivelmente é uma reminiscência de *I never had heard anything like that until now*, ou de *I never thought I'd hear that* etc.

○ —Why are you late?
—There was a bomb alert on the metro.
—**Well, I never!**

what's it to you?
o que lhe importa isso?
o que você tem a ver com isso?

Expressão agressiva que questiona por que o interlocutor quer saber algo.

○ —Do you know a guy who goes by the name of Tito?
—**What's it to you?**

what's the big deal?
e daí?
qual é o problema?

Forma agressiva de perguntar "o que está acontecendo". É típica dos filmes de gângsteres.

○ —You ought to leave town for a few days.
—**What's the big deal?**

who would've thought (it)?
quem diria!
quem poderia imaginar?

Expressão muito parecida com *fancy that*!

○ —Did you hear that they've made Eduardo the new managing director?
—Really? **Who would've thought it?**

you must be joking
está de brincadeira!
não está falando sério!
não é possível!

Expressa incredulidade, grata ou não.

○ —Hey! Italy, the world champions, have just drawn 1-1 with New Zealand in the World Cup!
—**You must be joking**.

you don't say!
não me diga!
is that for real?
isso é verdade?
are you winding me up?
você está me gozando?

A primeira é uma forma concisa e irônica de tomar conhecimento de algo que não se sabia; é usada nos Estados Unidos. No inglês de ambos os lados do Atlântico, usa-se também *is that for real?* Por outro lado, *are you winding me up?* é mais britânica.

○ —I think Carmen is quite interested in you, you know.
—Carmen? **Are you winding me up?**

WHERE WAS I?

RECONDUZIR O DISCURSO

anyway
bem
enfim

Uma palavra muito frequente para reconduzir a conversa; nesse sentido, significa "apesar do que se acaba de dizer". É usada mais no inglês oral do que no escrito e se insere, principalmente, no início de uma intervenção. Pode ser aplicada em muitos outros contextos com diferentes significados.

- —... and that's why I don't think that particular idea will work, not in a month of Sundays.
  —**Anyway**, I think we all agree on the main points, don't we?

as I was saying
como eu ia dizendo

Uma expressão muito útil para retomar o fio da conversa, particularmente depois de uma interrupção; por isso é mais usada no inglês falado. Há uma versão bem mais contundente que diz assim: *As I was saying, before I was so rudely interrupted...*

- —You're only 16 years old, and it is not acceptable for you to arrive home at seven o'clock on Sunday morning.
  —But I wasn't doing anything! I was just with my friends, that's all.
  —**As I was saying**, you're 16, and from now on if you go out on Friday or Saturday night, you will be home by 2 am. Do I make myself clear?

by the way
by the by
por falar nisso
falando nisso

Forma elegante de relacionar dois assuntos ou de dizer algo que não parece fundamental, mas é relevante. Na internet e em mensagens SMS escreve-se *BTW*.

○ Oh, **by the way,** I thought I should mention it that Sara has broken up with her boyfriend, so be careful what you say to her.

first things first
vamos por partes
primeiro o mais importante

As coisas mais importantes devem ser consideradas antes daquelas que não o são.

○ —When are we going to get one of these new wide-screen TVs?
—What we really need is a new sofa. And a dining table. Look at the state of this!
—Hang on. **First things first**. How much money have we got available for this?

guess what?
sabe o que mais?
guess who?
adivinha quem?

Em um discurso informal, é uma maneira de formular uma pergunta retórica que a própria pessoa responderá em seguida.

○ —Apparently, Montse applied to the university to get an extension for her grant so that she could complete her research into climate change, and **guess what?** She was unable to get one.
—How weird.

let me put it this way
em outras palavras
dito de outra forma
digamos assim

Usamos esta expressão quando vamos reformular, dizer com outras palavras, algo que já dissemos. Costuma ir seguida de dois pontos.

○ Okay, **let me put it this way**: if you replace that broken part instead of buying a new machine, it will be more expensive for you in the long term.

RECONDUZIR O DISCURSO

like I said
como eu já disse

É similar a *as I was saying*, mas serve para repetir ou insistir em uma opinião que já expressamos antes.

> —... and the Prado opens at 9.00, and there are really long queues if you don't get there early.
> —It says here in the guide book that it's one of the most popular art museums in the world.
> —**Like I said**, if you want to avoid the queues, you have to get there really early.

to move on
avançar
ir em frente
mudar de assunto
superar uma situação difícil

Emprega-se para mudar de assunto em uma conversa ou dar um fim a um assunto (como uma relação ruim que se deixa para trás).

> —... and that's why I think we need more time.
> —Okay, **let's move on**; I think we all know where we stand on that question.

presumably
imagino
supostamente

Maneira sofisticada de dizer "suponho".

> —**Presumably**, you'll be giving your daughter away yourself at the wedding.
> —Naturally, vicar. She's my daughter. Why do you ask?

go on
continue
prossiga
vá em frente

Utiliza-se para animar alguém a continuar falando ou fazendo o que estava fazendo. Dependendo da entonação, também pode expressar ceticismo, e, nesse sentido, corresponderia à segunda e à terceira traduções.

> —Oh, I'm probably boring you, telling you about all this stuff.
> —No! **Go on, go on**, please.

what I mean is
o que quero dizer é
estou me referindo a

Esta expressão é a que se utiliza com mais frequência para reformular o que foi dito anteriormente.

- —What exactly are you trying to tell me?
  —**What I mean is**, I don't think I'm going to come. Something has happened.

what was I saying?
o que eu estava dizendo?

Esta expressão é muito útil quando nos distraímos e não lembramos o que estávamos dizendo. É também uma maneira sutil de verificar se nosso interlocutor está ou não nos escutando.

- —err... **What was I saying?**
  —Something about a Chemistry exam.

what was that again?
o que você disse?
pode repetir?

Esta frase é útil quando alguém diz algo justamente quando passa um trem de carga ou então foi dito algo tão estranho que a pessoa não sabe se ouviu bem.

- —I've got something to tell you... You're going to be a father in seven months.
  —**What was that again?**

where was I?
onde eu estava?
onde paramos?

Esta outra expressão pode ser aplicada a uma ação que foi interrompida quando perdemos o fio do que estávamos dizendo.

- —Yes, of course... **Where was I?**
  —You were telling me how to make the salad.

BARKING UP THE WRONG TREE

ACORDOS E DESACORDOS

acordos, acertos

absolutely!
certamente!
mas é claro!

Eis aqui um falso cognato. Não significa "em absoluto", mas exatamente o contrário. É uma forma enfática de mostrar que se está de acordo com outra pessoa.

- —Would you agree to the government giving 0.7% of GDP as foreign aid to developing countries?
  —**Absolutely!**

bingo!
bingo!

Em inglês, como em português, grita-se *Bingo!* no jogo de mesmo nome, quando se completa uma cartela. Como interjeição, a palavra é utilizada ao acertar ou solucionar algo. Às vezes, em tom irônico, diz-se *Bingo!* quando alguém, ainda não muito esperto, finalmente se dá conta de algo bastante óbvio. No inglês norte-americano se diz *Hello?* e *Duh!* com esse mesmo sentido.

- —I see; you'd like me to introduce you to Nuria?
  —**Bingo!**

I can live with that
I can work with that
that works for me
por mim, tudo bem
estou de acordo

Três frases que expressam aceitação e acordo. São usadas também para formular perguntas e para negociar. Podem ser conjugadas na primeira pessoa do plural.

○ —So maybe we could start the classes half an hour later to give you enough time for lunch, Silvia?
—**That works for me.**
—Jean-Claude?
—Oh, **I can live with that**.

(you) can't go wrong
não se pode errar
impossível errar
você certamente acertará

Esta expressão é utilizada para demonstrar que você pode confiar em algo de olhos fechados. É uma expressão coloquial bastante utilizada.

○ —What wine shall we have with this?
—An Australian Shiraz, I think; **you can't go wrong** with an Aussie Shiraz.

cool
legal
joia
tudo bem
no worries
fique tranquilo
she'll be right
sem problema

Três expressões informais com mais ou menos o mesmo significado. *Cool* é muito usada nos Estados Unidos. *No worries* é tipicamente australiana, embora tenha se internacionalizado. *She'll be right* é mais habitual na Austrália e na Nova Zelândia (*she* aqui não indica gênero).

○ —So everything's set for tomorrow? I'll pick you up at 7.30 on the dot, right?
—**No worries**.

count me in
conte comigo
pode contar
count me out
não conte comigo
*eu passo**

Expressão clara e concisa que serve para indicar se é possível ou não contar com alguém. A forma interrogativa é *can we count on you?*

○ —Are you with us on this?
—Oh, yes. **Count me in**!

ACORDOS E DESACORDOS

(to be) dead right
damn right*
é claro que sim
com toda certeza
é óbvio
certamente

Aqui, *dead* é usado para enfatizar e equivale a "totalmente". O contrário é *dead wrong* (completamente equivocado). Nos Estados Unidos, é mais habitual *damn right*, embora seja um pouco mais vulgar do que *dead right*.

○ —Are you staying for drinks?
—You're **dead right** I am.

to have no problem with that
não há nenhum inconveniente
não há problema em relação a isso

(I) can't argue with that
não tenho nada a acrescentar
isso é indiscutível

Duas formas de expressar que não temos problema algum com o que o interlocutor acaba de dizer (na primeira) ou simplesmente que é um argumento tão óbvio ou coerente que não implica qualquer dúvida (na segunda). Há uma variante da primeira expressão que substitui *problems* por *issues*, "argumentos": *to have no issues with that*.

○ —The question here is simply one of distribution or resources, not of lack of resources.
—**I can't argue with that**.

to hit the nail on the head
acertar em cheio
acertar na mosca

Uma expressão que descreve exatamente o que está causando uma situação ou um problema.

○ —I imagine, given the kitchen space available, that the difficulty here is the catering logistics.
—You've **hit the nail on the head**.

I'll say!
é claro que sim
de acordo
certamente

É uma forma menos comum de expressar o mesmo que *absolutely*.

○ —We're going dancing later. Would you like to join us?
—**I'll say!**

(that's) just what the doctor ordered
justamente o que eu precisava
isso caiu do céu
isso veio a calhar
adivinharam meus pensamentos

Esta frase não é utilizada em um contexto médico, mas sim, por exemplo, quando alguém aparece com comida ou bebida (principalmente bebida) quando se tem fome ou sede. Em geral, no entanto, aplica-se a qualquer coisa que surge do nada.

○ —Would anyone like some cheese and wine?
—Ah, **just what the doctor ordered**!

message understood
mensagem recebida
entendido!

Esta expressão é utilizada quando se captou a mensagem ou para aceitar uma bronca.

○ —I hope this doesn't happen again.
—**Message understood**.

nice one!
genial!
que ótimo!
maravilha!
good one!
fantástico!

Duas expressões comuns na Grã-Bretanha, na Austrália e na Nova Zelândia para responder, de maneira informal e amistosa, a um pequeno gesto agradável que alguém acaba de nos fazer. (Ver também *cheers*.)

○ —Hang on; let me give you a hand with that.
—**Nice one**.

to sing from the same hymn sheet
rezar pela mesma cartilha

Expressão informal e muito atual que indica que uma pessoa tem um ponto de vista ou uma opinião na mesma linha que os demais.

○ —Well, are we **singing from the same hymn sheet**?
—Oh, yes.

(it/that) sounds good to me
por mim, tudo bem
de acordo

Expressão informal e amistosa para se mostrar de acordo com uma sugestão ou proposta.

- —What about meeting up tomorrow afternoon at three to discuss our ideas?
  —**Sounds good to me**.

spot on
acertar em cheio
na mosca!

Usa-se como exclamação quando se acerta ou se descobre algo. Pode-se antepor *That's* ou *That was* para ressaltar a emoção do momento.

- —Is it something I did?
  —No.
  —Is it something I said?
  —No!
  —Is it something I didn't do?
  —**Spot on**!

(that) suits me
(that) suits me down to the ground
para mim está perfeito
caiu como uma luva

Estas duas variantes da mesma expressão indicam que a sugestão ou a proposta que acaba de ser feita é perfeita para a situação. A segunda é mais expressiva.

- —What if we have the barbecue on Saturday instead of Sunday?
  —**Suits us**.

you're telling me!
você vem dizer isso
para mim?
também acho

Serve para indicar, no plano irônico, que estamos de acordo quando alguém acaba de dizer uma coisa muito óbvia. É uma versão parecida, porém mais *light*, de *no kidding?*, e muito mais do que *no shit?* A ênfase é colocada em *me*.

- —I think we need to get a few things clear between us.
  —**You're telling me**!

you've got a point (there)
tem razão
é verdade

point taken
certo
é mesmo

Duas expressões para reconhecer que o interlocutor acaba de dizer algo sensato, que ainda não se tinha levado em conta.

○ —The database that they sent us was out of date; that's why there was a mistake on the first day.
—True, but you said you'd check it the day before, didn't you? And you forgot.
—Oh, **point taken**.

to put one's finger on something
deparar-se com o xis da questão
acertar em cheio

É uma expressão similar a *to hit the nail*. Significa que acertou o ponto exato (em inglês *the crux of the matter*).

○ —Surely the problem here is that there's not enough coordination between the two departments.
—I think you've **put your finger on it**.

desacordos, desacertos

barking up the wrong tree
errar o tiro
apontar para o alvo errado
cometer um erro

Pensemos em um cão latindo (*barking*) embaixo de uma árvore porque acha que um passarinho se escondeu ali, mas ele se enganou de árvore. Usa-se sempre no gerúndio.

○ —We need to find why the product isn't selling, so I think we should look at the question of pricing.
—I think we're **barking up the wrong tree**; it's the product concept that's the issue, not the pricing.

ACORDOS E DESACORDOS

I beg to differ
lamento discordar
sinto estar em desacordo

Todo mundo conhece o adjetivo *different*, mas o verbo é mais desconhecido. É uma forma concisa, culta e, inclusive, divertida de expressar discrepância. Não tem nada a ver com o significado literal de *beg* (mendigar). Quase sempre se usa no presente.

○ —So it appears that the problem here is the way the merchandise was handled in transit.
—**I beg to differ**. I think the problem is in our packaging.

do me a favour!
ora, faça-me o favor!

Expressão que é preciso pronunciar com um toque de raiva (ou pelo menos de ironia) quando alguém acaba de dizer uma grande bobagem ou algo inaceitável. É informal e agressiva.

○ —So will we be accepting the 5% pay cut?
—**Do me a favour!**

I wouldn't know about that
eu não teria tanta certeza

Antigamente, esta expressão era usada em sentido literal (não me pergunte por quê; eu não sei), mas hoje em dia serve para expressar um alto grau de ceticismo diante do que se acaba de dizer.

○ —I hear that your ex has got a new partner.
—**I wouldn't know about that**; she would've told me.
—Right.

it's/that's not on
isso não se faz
isso não é direito

Expressão muito atual, direta e informal utilizada para dar a entender que uma sugestão ou situação é inaceitável.

○ —So in the economic circumstances, we must ask you to take a 5% cut in salary.
—No, **that's not on**.

to knock something on the head
tirar algo da cabeça
desistir de algo

Esta expressão é muito usada no trabalho, para descartar totalmente uma ideia, um projeto... O golpe (*knock*) na cabeça, portanto, deve ser mortal. É informal, mas não ofensiva. Também é possível dizer *to knock it on the head*, ou então *to knock that on the head*.

- —What if we ask the client to extend the deadline by 48 hours?
  —Let's **knock that one on the head** right now. That is not an option.

leave it out
nem pense nisso
pode esquecer isso

Expressão moderna e muito direta que, inclusive, pode soar agressiva dependendo de como é dita. É utilizada para dar a entender que um comentário ou sugestão é totalmente inaceitável. Também é usada, geralmente no inglês britânico, para dizer de forma muito direta "não faça isso".

- —I think we should go there and confront them about it.
  —**Leave it out**, John!

let's not go there!
não vamos falar disso
vamos mudar de assunto
vamos deixar essa história de lado
não vamos por aí

Expressão muito moderna e informal para indicar que convém evitar o tema da conversa que está prestes a ser tratado. Também é utilizada para indicar que, pelo motivo que seja, não queremos ouvir o que alguém está a ponto de dizer.

- —... and apparently something went terribly wrong on their honeymoon. Someone told me that...
  —**Let's not go there**!

no way!
no way, José!
de maneira nenhuma!
de jeito nenhum!
nem pense nisso!

Esta expressão enfática e informal, utilizada, inclusive, quando o interlocutor não se chama José, serve para indicar que não se está de modo algum de acordo com algo. O importante é fazer rimar *way* com *José,* se optarmos pela segunda expressão.

1) —Maybe you could contribute 50% to the costs of taking Mum to Madeira for her birthday.
   —**No way!** There are three of us, not two!

2) —This guy I met at the party. He took me to his car, and he wanted to have sex here and then, without a condom.
   —Without a condom? But you'd only just met him! Well?
   —I told him **no way, José!**
   —Good for you! So that was it?
   —Not really... I always carry some in my bag.

not in a month of Sundays
nem pensar
jamais
nem que a vaca tussa

Antigamente, os domingos duravam eternamente. Os pubs só abriam algumas horas, as lojas fechavam e muitos espetáculos públicos eram proibidos, pelo menos na Grã-Bretanha e nos Estados Unidos. Um mês de domingos, um atrás do outro, seria algo como uma prisão perpétua, e, no sentido figurado, uma maneira de dizer "jamais". Sempre com o *not* na frente.

—So if they offer you the post of regional coordinator, will you take it?
—**Not in a month of Sundays**.

not on your life
not on your nelly
nem pensar

Duas versões da mesma *slang* (gíria). A primeira é internacional. A segunda é unicamente britânica e tem por trás uma longa explicação acerca de sua origem, relacionada com a forma de mudar as palavras em *cockney* (dialeto popular londrino), mas, de forma muito indireta, também significa *life*. É mais vulgar, embora não ofensiva. É muito possível que os netos da rainha Elisabeth II o digam, embora não diante de sua avó.

○ —Would you ever go back to live in Westport?
—**Not on your life**!

right, right
tá bom,
tá bom

Com estas palavras, parece que uma pessoa está de acordo, mas é uma ironia, pois não se comunga em absoluto com o que se está escutando. Muitas vezes, são ditas acompanhadas de um sorriso. Utilizadas no inglês britânico.

○ —Lucy and Nacho have written a personal mantra for success in their relationship. I think we should compose one too, darling.
—**Right, right**.

that won't/doesn't work for me
I can't/couldn't live with that
não estou de acordo.
isso não me parece certo

Duas frases modernas, claras e diplomáticas para expressar que algo nos parece inaceitável. Certamente, estas mesmas expressões podem ser formuladas como perguntas ou afirmações.

○ —How about putting some of the staff on part-time contracts?
—No, sorry; **couldn't live with that**.

ACORDOS E DESACORDOS

com reservas

fair point
fair enough
é verdade
tem razão

Não é o que eu penso (ou pensava até agora), mas entendo e aceito a validez, a verdade ou a coerência do que está sendo dito.

- —And so if we do what you ask, you see that you'll be duplicating the work for the admin staff.
  —**Fair enough**. Let's see if we can find another way.

I hear you
estou escutando
estou entendendo

É usado quando entendemos o que nos dizem, mas não estamos de acordo (por isso a expressão costuma ser seguida de *but*).

- **I hear you, I hear you**, but I don't think you're seeing the bigger picture.

to sleep on something
deixe-me pensar com calma sobre o assunto
to put one's thinking cap
pensar em alguma coisa

Duas maneiras de não dizer nem sim nem não. A segunda é mais informal e significa, literalmente, que a pessoa não está pensando direito.

- —Do you think we can reach a decision today?
  —No, I don't, actually. Let's **sleep on it**, shall we?
  —Sounds okay to me.

true
é verdade

Está entre *fair enough* e *I hear you*. Diz-se devagar e, com frequência, acompanhada de um suspiro.

- —... and so if we do what you ask, you see that you'll be duplicating the work for the staff.
  —**True**. Hmmm...

THERE YOU GO

PERSUASÃO, CONFIRMAÇÃO, INDECISÃO

persuasão

to get one's head around something
to come to terms with something
ir se acostumando com a ideia

Duas maneiras de expressar que aceitamos algo que inicialmente não gostávamos, mas já nos acostumamos com a ideia.

- I know it's not ideal, but I'm afraid we're all going to have to **get our heads around** it.

to come round (to something)
deixar-se convencer aceitar uma opinião dar o braço a torcer

Com esta expressão indica-se que pouco a pouco passamos a aceitar uma sugestão, proposta ou situação que a princípio não nos convencia. No inglês norte-americano é *around*.

- It wasn't what I wanted but in the end **I came round to** the idea.

come to your senses
use a razão

Outra forma imperativa, muito direta e enérgica, de aconselhar alguém a ver as coisas como elas são.

- He's never going to change. **Come to your senses!**

if you say so
se você está dizendo

Com esta expressão, a pessoa está fazendo uma concessão em uma discussão ou mantendo uma discreta postura de ceticismo.

- —Believe me, it's not an ideal solution, but this really is in the best interests of the economy.
  —**If you say so.**

there you go
está vendo?

Expressão que reivindica algo que já havia sido dito antes. Também é utilizada pelos vendedores nas lojas, com o sentido de "aqui está".

- —Oh, they liked it!
  —**There you go**!

to talk someone into something
convencer
bajular
to bring someone round
convencer alguém a fazer algo

Embora não haja muita diferença, na primeira expressão alguém consegue que outra pessoa concorde em fazer algo contra sua vontade, enquanto, na segunda essa pessoa se deixa convencer.

- 1) —You **talked me into marrying** you!
  —That's not fair!

  2) One of those bloody encyclopedia salesmen **talked my mother into buying** a whole set of encyclopedias, apparently worth £2000 for only £1500, and you know she never reads anything.

confirmação

do you get me?
(do you) get what I'm saying?
(do you) get my point?
(do you) know what I mean?
você me entende?
entende o que eu estou dizendo?
entende a que eu me refiro?
entende o que quero dizer?

Quatro formas de perguntar ao nosso interlocutor se ele entende o que estamos dizendo. São todas muito diretas e informais, principalmente as duas primeiras, mas de modo algum podem ser consideradas agressivas.

- You need to completely change the way you brush your teeth, because you're doing them more damage than you could possibly realise. **Get what I'm saying?**

does that work for you?
do we have an understanding?
você acha que assim está bem?
estamos de acordo?

Duas expressões que servem para verificar se o interlocutor aceita ou não a sugestão ou proposta que acabamos de fazer.

- —From now on, we need to work in coordination rather than each of us doing our own thing. **Do we have an understanding?**
  —Of course.

indecisão

to sit on the fence
ficar em cima do muro
não tomar partido
não se pronunciar

Esta expressão significa que não se toma partido em uma determinada situação e, dependendo do contexto, também pode indicar indecisão. Neste segundo sentido, poderia ser traduzida como "ficar em cima do muro".

- —This is an important moral issue; are you just going to **sit on the fence**?
  —Until I've made up my mind, yes.

IF I WERE YOU
dar e pedir conselho
CONSELHOS

don't get me wrong
não me leve a mal
não me interprete mal
não se aborreça

I hate to say this
sinto ter de lhe dizer isso

São duas maneiras educadas de dar a alguém um conselho que não será de seu agrado ou, simplesmente, dar a alguém más notícias. As duas vão seguidas de *but* e de uma explicação.

- **Don't get me wrong**, but you need to count to ten before you speak sometimes.

to get a second opinion
consultar-se (com) outro especialista
pedir uma segunda opinião

Costuma-se utilizar essa expressão quando uma pessoa não fica convencida com o diagnóstico de um médico ou, por exemplo, quando lhe dão um orçamento altíssimo para consertar um eletrodoméstico.

- Hmmmm... €1,200 plus sales tax?
  I'd **get a second opinion** if I were you.

if I were you
if I were in your shoes
se eu fosse você
se estivesse no seu lugar

Muito utilizada para dar conselhos, tanto no início como no final da frase (de modo semelhante ao exemplo anterior), para se colocar no lugar do outro. A frase seria assim construída: *If I were you, I would...* + infinitivo, ou então *I* + verbo no condicional + *if I were you*.

- **If I were you**, I'd start improving my foreign language skills right now.

I've been meaning to talk to you...
faz tempo que eu queria falar com você

Esta é uma expressão idiomática para introduzir a frase na qual normalmente vamos dar um conselho. Indica que a pessoa demora um tempo pensando no que vai dizer.

- Ah, there you are Maria. **I've been meaning to talk to you** about your part in the group project. Have you got five minutes now?

let me give you some (free) advice
let me give you a piece of advice
permita que eu lhe dê um conselho
posso te dar um conselho?

Estas duas versões da mesma expressão introduzem de forma clara e direta um conselho. Note-se que *advice*, em inglês, diferentemente do português, não é contável; por isso, é preciso acrescentar *some* ou *a piece of*.

- **Let me give you a piece of advice**: if you shout like that at somebody, people will remember it and hold it against you, even if you were right.

to run something past/by someone
consultar alguém sobre algo
pedir o aval de alguém

Uma forma de solicitar a opinião de alguém sobre algo. Também serve para que esse alguém dê sinal verde a algo. Com isso, essa pessoa assumiria as responsabilidades no caso de algo sair errado.

- Is it okay if I just **run something past** you? What would you say if...?

to not take no for an answer
não aceitar um não como resposta
to not settle for less
não se contentar com pouco

Duas formas diretas e enérgicas para expressar que alguém continua firme em suas reivindicações. É utilizado em disputas domésticas, de trabalho etc.

- Tell them you demand equal rights and equal pay, and don't **take no for an answer**.

reações diante de um conselho

easy for you to say that
para você é fácil dizer isso

Reação de irritação.

○ —You need to lose some weight, you know.
—**Easy for you to say that**; you've got time to go to a gym.

I'm glad...
fico contente em ...

Expressa satisfação. É sinônimo de *happy*.

○ —Did you hear that Marta's getting married?
—Really! **I'm glad** she's happy at last.
—Well, I said she was getting married, not that she was happy.

it's a good job (that)...
menos mal que...
ainda bem que...

Expressão de alívio ao se tirar um "peso dos ombros".

○ **It's a good job** we had air-conditioning installed before the start of summer.

it's a pity...
é uma lástima que...

Indica decepção. *Pity* (piedade) é sinônimo de pena. É o contrário de *I'm glad*.

○ **It's a pity** you weren't able to stay longer, but it was good to see you, all the same.

spare me the details
poupe-me dos detalhes
não me fale sobre sua vida
vá direto ao assunto

É uma maneira direta e enérgica de se livrar de explicações entediantes. Por isso, costuma-se utilizá-la no imperativo.

○ —I can tell you exactly what she said about you.
—No, please. **Spare me the details**.

I TELL YOU WHAT

propor

PROPOSTAS, SUGESTÕES

how about...?
what about...?
o que lhe parece...?
e se...?
que tal...?
how does that sound?
o que você acha?

Perguntas acessíveis para fazer sugestões ou contraofertas. As duas primeiras são idênticas, e, se vierem acompanhadas de um verbo, devem ser construídas no gerúndio (*–ing*). A vantagem de *how does it sound?* é que tem um significado bastante amplo.

○ —**How about** coming back to this point after lunch?
—Good idea.

I tell you what
me ocorre uma ideia
vamos ver...

Expressão espontânea (ou pelo menos assim parece) para lançar uma nova oferta. A ênfase é colocada em *tell* e *what*, mas é imprescindível fazer uma pausa dramática entre *what* e a nova ideia.

○ **I tell you what**, why don't we both write down what we think are the three most important things in this relationship?

(I'm) just thinking out loud
estou pensando em voz alta, hein?
estou pensando alto, OK?

Implica que não é necessário levar muito a sério o que dizemos, pois estamos simplesmente verbalizando pensamentos criativos e talvez pouco recomendáveis.

○ **I'm just thinking out loud** here, but what if we offer our client a 5% discount if they commit themselves to...

PROPOSTAS, SUGESTÕES

I've been doing some thinking
estava pensando...

Esta expressão indica que a pessoa é flexível, capaz de refletir e, inclusive, de sacrificar algo para chegar a um acordo.

- Since the last time we spoke **I've been doing some thinking**. What if I agree to work one Saturday out of every four, in return for...

I was wondering
eu me perguntava se...

Uma forma elegante de introduzir uma sugestão ou uma réplica. A ênfase é colocada em *wondering*, e também é preciso fazer uma pausa logo depois.

- —**I was wondering**, would you like to come to the theatre with me on Friday evening?
  —I'd love to.

what if...?
e se...?
que tal se...?

Expressão frequente e útil para lançar uma hipótese ou uma sugestão. Pode aparecer seguida de um verbo no *simple present* ou no *simple past* (*what if* + pronome + verbo).

- —**What if** we say you can start work the day after tomorrow?
  —That would be brilliant!
  —Welcome to the team!

what would you say if...?
o que você diria se...?
o que acha de...?

Esta expressão serve para apresentar, como proposta, uma ideia eficaz e criativa. O bom é que, ao usar uma oração condicional, não estamos nos comprometendo com nada que dizemos.

- **What would you say if** we gave you national phone calls free, except for calls to mobiles, in exchange for...

ultimato

like it or lump it
se não gosta, problema seu
take it or leave it
é pegar ou largar

As duas expressões são muito diretas, e a primeira pode ser, inclusive, agressiva. Por isso, costuma-se usar mais em casa do que no trabalho.

- —Can I borrow your suitcase for the weekend?
  —Okay, there it is.
  —Oh, it's not in very good condition, is it?
  —It's the only one I've got. **Take it or leave it**.

that's my last offer
essa é minha última oferta

Expressa firmeza, mas de forma educada. A ênfase é colocada em *last*.

- —How much for that car?
  —Two thousand five hundred.
  —I'll give you one thousand eight hundred. Cash.
  —I could go down to two thousand two hundred and fifty for cash.
  —One thousand nine hundred. **That's my last offer**.

contra-ataque

be that as it may
seja como for
de qualquer modo

Pode ser que o que acabam de dizer seja verdade, mas isso não muda o argumento central (que é a frase que segue esta expressão). É mais formal e muito comum.

- —We're using very high quality materials on this job, as you can see.
  —**Be that as it may**, I'm still not happy with the colour.

how come?
por quê?
como é que...?

A pergunta mais útil e fácil em inglês, embora apareça pouco nos livros. Seu sentido é o de *why?*, mas tem uma estrutura menos complicada, sem verbos auxiliares. A ênfase é colocada em *come*. Pode-se, simplesmente, dizer, *how come?* ou continuar com uma frase completa em qualquer tempo verbal.

- —**How come** she asked you to do that instead of me?
  —No idea. **How come** you don't ask her?

the ball's in your court
cabe a você tomar a decisão
você deve dar o próximo passo

Se alguém lhe diz isso, quer dizer que você tem a responsabilidade de decidir ou dar o próximo passo. É uma expressão concisa, cortês e informal, e é usada em mil contextos.

- —So I told them I would only take on the project again next year if they promised to provide more resources in terms of staffing, plus one and a half times the money.
  —So **the ball's in their court** now?
  —Exactly.

the thing is
o que acontece é que ...
o fato é que...
o negócio é o seguinte

Frase perfeita para introduzir uma objeção ou um esclarecimento. A ênfase recai em *thing* e, depois, se faz uma breve pausa.

- —So, as you can see, the financial considerations are important.
  —**The thing is**, with us it's not a question of technology or money; it's a question of trust, of the personal relationship between our companies.

REALLY SORRY

DESCULPAS

forgive me
perdoe-me
desculpe-me
sinto muito

Expressão educada, na forma de imperativo. Normalmente vai seguida de *for* + gerúndio. Também pode aparecer seguida de *for* + nome, embora não seja tão habitual.

- **Forgive me** for saying what I said last week. I didn't really mean to say that you were the worst man I had ever known.

I (really) must apologise (for doing something)
devo pedir desculpas (por...)
lamento ter...

Forma muito educada de pedir desculpas. Como no caso anterior, pode-se acrescentar o "erro", em forma de nome ou gerúndio depois de *for*.

- **I really must apologise** for the delay in payment. This is due to problems we are experiencing in our IT area.

(I'm) really sorry (for doing something)
sinto muito
sinto muito (ter...)
perdoe-me por...

Forma muito breve e informal de pedir desculpas. Pode-se acrescentar aquilo que uma pessoa lamenta ter feito, com a estrutura *for* seguida de um gerúndio ou de um nome.

- 1) **Reallly sorry** for shouting at you the other day. You were a bit late, but I appreciate that you were coming straight from work.

  2) **Really sorry** for the delay; we're having IT problems today.

WATER UNDER THE BRIDGE

PERDÃO OU VINGANÇA

perdoar e esquecer

to bury the hatchet
(let's) call the dogs off
fazer as pazes
reconciliar-se

to smoke the pipe of peace
fumar o cachimbo da paz

As três expressões são muito descritivas. A primeira provém dos habitantes autóctones da América do Norte e significa o que literalmente faziam: enterravam as armas. A segunda também evoca a ideia de aplacar as hostilidades. A terceira imagem é muito comum nos *westerns*. Em geral, aparecem acompanhadas de uma sugestão, como *Let's, Why don't we* ou *Shall we?*

○ Sensibly, they decided to **bury the hatchet** when their father became seriously ill.

don't worry about it
não se preocupe
não foi nada

Alguém nos incomodou, mas como somos pessoas legais, não foi nada, certo?

○ —I'm sorry for being late.
—**Don't worry about it**; Tom and the kids have been held up in traffic too.

to forgive and forget
perdoar e esquecer o que aconteceu
esquecer o mal-entendido

to mend our/their fences
consertar as coisas

Duas expressões muito úteis para deixar claro que houve reconciliação e perdão. A segunda não deve ser encarada literalmente, pois não tem nada a ver com consertar o muro que separa os jardins de dois vizinhos.

> —I think we both said a few things yesterday in the heat of the moment that we regret saying.
> —True. Maybe we should just **forgive and forget**.

(let's) put our differences to one side
vamos deixar de lado nossas diferenças

to let bygones be bygones
o que passou, passou
deixar para trás o que aconteceu

Estas são duas expressões de muito boa vontade que mostram um desejo de não deixar que os conflitos passados interfiram no futuro.

> —Sophia said some terrible things about you.
> —I know, but I've decided **to let bygones be bygones**.

to turn over a new leaf
virar a página
passar uma borracha

Diferentemente das anteriores, esta comunica a intenção de corrigir os comportamentos que conduziram à situação de conflito.

> I've decided to **turn over a new leaf**, and hope that you won't bear certain things from the past against me in the future.

it's all water under the bridge
isso são águas passadas

Aceitação filosófica do passado, sem buscar desculpas, justificações, justiça ou vingança. "O que está feito, feito está". É literalmente interpretado como que as águas que passaram por baixo da ponte não tornarão a passar.

> —But what about all those terrible things that happened during the dictatorship?
> —**It's all water under the bridge**.

rancor, vingança

to bear/hold a grudge (about something/against somebody)
guardar rancor de alguém

to have a chip on someone's shoulder
ser uma pessoa ressentida

Em *to bear a grudge*, o ressentimento é mais agudo. Em *to have a chip on someone's shoulder*, o ressentimento do outro talvez seja um pouco exagerado. É opcional acrescentar o motivo, mas, no caso de acrescentá-lo, começaria com *about*.

- He had **a chip on his shoulder** about being quite short, and had only short bodyguards around him.

heads will roll
cabeças vão rolar

Ou seja, que alguém vai arcar com a culpa. Uma relíquia verbal da época em que os problemas eram solucionados com a decapitação. Expressão muito utilizada na imprensa escrita.

- If you haven't cleaned up the house after the party, **heads will roll**, I can assure you.

I've got a bone to pick with you
temos contas a acertar
temos um assunto pendente

É uma forma de expressar que não estamos conformados com algo que deve ser solucionado.

- —Toni, **I've got a bone to pick with you**.
  —What have I done now?

no holds barred
sem tréguas
sem limites

A expressão veio originalmente da luta livre, e indicava que é possível agarrar (*hold*) o adversário de qualquer maneira, sem restrições (*barred*). Hoje em dia, aplica-se a uma luta em que tudo é permitido, e costuma ser usada nos negócios e no mundo financeiro, principalmente para falar de rivalidades em um setor.

○ There have been several **no-holds-barred** struggles between Microsoft and their competitors and regulatory bodies on both sides of the Atlantic.

(to give) no quarter
não dar trégua

Ou seja, não oferecer condições benévolas ao inimigo nem demonstrar compaixão por ele. Em sentido figurado, significa "perturbar alguém", especialmente um concorrente. Quem não viu ou leu *O Senhor dos Anéis*? No segundo volume, há uma batalha culminante, chamada *The Battle of Helm's Deep* entre os homens de Rohan e as hordas de ogros e Uruk-Hai, sob o comando do malvado Saruman. Como esquecer o discurso de Aragorn nas vésperas da batalha para os defensores do castelo? Dizia algo assim:

○ **Give no quarter**! Nor should you expect any!

(to be) out for/after someone's blood
(to be) looking for blood
querer tirar o sangue de alguém
estar com sede de sangue

Na primeira expressão, o *someone* é muito provavelmente o responsável, enquanto na segunda, a busca por sangue ou vingança pode ter um objetivo mais difuso.

○ After a member of one of the two communities was killed in a knife fight yesterday, members of the other group were **out for blood**, and tried to assault the camp.

THAT'S LIFE

CONCLUSÕES

anything goes
vale tudo

Título de uma canção de Cole Porter que descreve com ironia a decadência dos anos posteriores à Primeira Guerra Mundial. *Anything goes* é uma expressão utilizada para dar carta branca a qualquer atitude aparentemente censurável. Observe que *anything, something* etc. concordam com a terceira pessoa do singular.

- If you look at the way most teenagers behave at local fiestas these days, you'd have to say that **anything goes**.

at the end of the day
no final das contas
no fim
finalmente

Expressão muito utilizada para tirar conclusões de algo e ressaltar o essencial. Aparece no início da frase.

- So, **at the end of the day**, she got exactly what she wanted, as usual.

enough said
com isso você já disse o suficiente
não precisa dizer mais nada

say no more
você já disse tudo

É uma fórmula para agradecer uma advertência, ou seja, a intenção que havia por trás de algumas determinadas palavras foi captada e não há necessidade de mais detalhes.

- 1) —What do you think of this dress?
  —It fits you nicely... maybe the colour...
  —**Enough said**.

  2) —I'm sure you can have the presentation ready for Monday morning...
  —**Say no more**.

honestly
honestamente
francamente
falando sério
para falar a verdade

Serve tanto para anunciar que o que vamos dizer é verdade como para resumir uma opinião, mas indicando um juízo (positivo ou negativo) sobre o que aconteceu ou está acontecendo.

- 1) **Honestly**, I knew nothing about this.

  2) **Honestly**, it was the best performance I've ever seen.

never again
nunca mais

Depois de passar por um mau bocado, *never again* expressa o desejo de não voltar a viver nunca mais uma situação parecida. No caso de continuar a frase, é preciso inverter o sujeito e o verbo (*never again will I drink home made orujo!*).

- —How did it go, singing solo in front of your entire school?
  —**Never again**, **never again**.

that's life
assim é a vida

Título de uma canção de Frank Sinatra, de 1966. *That* indica uma referência a algo que foi dito antes.

- —Did you win the match?
  —No, we lost, 39-98.
  —Oh well, **that's life**, isn't it?
  —And if we'd won, would that be life too?
  —I suppose so, darling.

when all's said and done
no final das contas
afinal

Muito semelhante a *at the end of the day*. A ênfase é colocada em *said* e *done*.

- **When all's said and done**, he obviously wasn't the right man for you.

BEATING ABOUT THE BUSH COM FRANQUEZA

falar claro

don't mince your words
não faça rodeios
não suavize as coisas

Minced meat é "carne moída" no inglês britânico. Esta expressão costuma ser usada no imperativo negativo.

- —I've always thought it was important to develop a relationship of trust and...
  —**Don't mince your words**. You're here for money; don't think I don't know that.

to get down to brass tacks
to get to the point
ir direto ao ponto
não fazer rodeios

A primeira expressão surgiu no mundo da indústria metalúrgica (*brass tacks* são "tachinhas de latão"). As duas são utilizadas geralmente antepondo *let's* ou simplesmente no imperativo.

- —It's so nice to see you again. How are you? How's...?
  —**Get to the point**. I haven't got much time.

to put it mildly
para ser franco
para falar a verdade

Com esta expressão, uma pessoa avisa que aquilo que vai dizer não é provavelmente o que a outra quer ouvir, mas é uma forma diplomática de alguém expressar o que pensa. Admite traduções muito livres.

- —... So that's the plan for the reception. Now, the catering company will charge us € 75 per guest. What do you think?
  —Seventy five Euros per guest? Well, **to put it mildly**, I think that's rather expensive.

speaking frankly
com toda franqueza
(to be) frank
sinceramente
(to be) blunt
para ser franco
(to be) honest
para ser sincero

Quatro maneiras de avisar que aquilo que se segue não é o que o outro quer ouvir. Aplica-se a muitas situações nas quais temos de ser francos (às vezes, pouco diplomáticos).

○ —Which of those wines did you like the most?
—**To be frank**, I didn't think either of them were anything special.

não falar claro

to beat about the bush
deixar de rodeios
ir direto ao assunto
parar de divagar

Dar golpes em volta do arbusto (*bush*) em chamas não apaga o fogo do bosque, ou seja, não adianta nada. Esta expressão às vezes é dita colocando *don't* ou *stop* antes.

○ —Well, I think it's not a bad idea... though there are one or two things that could do with a bit more thought, but... in many ways it's quite interesting...
—Stop **beating about the bush**; do you think it will work, or not?

(has the) cat got your tongue?
o gato comeu sua língua?
(to be) tongue-tied
estar com a língua presa

Em inglês, os gatos também comem as línguas daqueles que não se atrevem a falar quando se supõe que deveriam fazê-lo.

○ —What's wrong with you? **Has the cat got your tongue?**
—No, I was just trying to think of an adequate response.

I'M SOLD ON IT

TRATO FEITO

let's do that then
let's say that then
vamos fazer isso
combinado

Duas maneiras de expressar o momento de se chegar a um acordo.

- —So, shall we make the reservation for Friday at ten?
  —Yes, **let's do that then**.

to meet someone halfway
satisfazer os dois lados
to reach/make a compromise
conciliar
ceder
chegar a um acordo
chegar a uma solução

Duas maneiras de expressar um acordo alcançado por duas partes, cada uma tendo cedido um pouco em suas exigências. É importante esclarecer que "compromisso" é *commitment*.

- Unions representing air traffic controllers **are meeting** with the government today to try **to reach a compromise** agreement on government plans to reduce salaries and increase the annual number of hours worked.

(to be) on board
fazer parte do grupo
participar
estar de acordo

Usa uma metáfora de marinheiro. Estar a bordo de um navio como mais um da tripulação quer dizer que alguém faz parte da equipe. É uma expressão muito usada em política.

- —So, now that you've heard how we'd like to present the project, **are you on board**?
  —Can I have a few minutes to think about it?
  —One.

shall we shake on that?
então, estamos de acordo?
to have a deal
trato feito

Duas maneiras de indicar que se fechou um acordo (a primeira, com um aperto de mãos).

○ —I think that's a fair offer. Okay, **shall we shake on that?**
—Yeah, **you have a deal**, señor Mendizabal.

(to be) sold on something
estar convencido
estar nessa

Diz-se quando uma pessoa está convencida do valor de uma ideia, produto ou projeto (não há que se encarar isso como uma venda literal, é claro). É bastante coloquial.

○ —So, now that you've heard how we'd like to present the project, are you on board?
—**I'm sold on it**.
—Good.

to strike a deal
to do a deal
fazer um trato
chegar a um acordo

Duas combinações que expressam que se chegou a um acordo. Certamente elas podem ser usadas no passado, no presente ou no futuro, tanto na forma afirmativa quanto na negativa. A segunda indica, talvez, um acordo não público por uma razão ou outra.

○ At midnight last night, unions representing air traffic controllers **struck a deal** with the government over plans to reduce salaries and increase the annual number of hours worked.

MADE TO LAST

CARACTERÍSTICAS DE UM PRODUTO

(to be) custom-made
(to be) custom-built
(to be) tailor-made
(to be) made to measure
(ser) feito sob medida

Built indica algo fabricado, como uma máquina, uma moto ou um automóvel, enquanto *made*, em geral, é usado para móveis. *Tailor-made* e *made to measure* são expressões utilizadas em diversos contextos, mas principalmente para roupas feitas sob medida. Também existe o adjetivo *bespoke*, muito britânico.

- —What lovely furniture you have!
  It all looks **custom-made**. Is it?
  —No, we were just very lucky with IKEA.

made to last
built to last
resistente
feito para durar

Estes dois termos expressam que algo foi concebido para durar anos. Geralmente são utilizados em sentido negativo, para se queixar da tecnologia que fabrica com data de expiração, pois já não se fazem as coisas como antigamente.

- —Wow! This car looks like it's a 1950s model but it's still going strong. What is it?
  —It's a Morris Minor, and this particular one was made in 1955, but they had started making them back in 1948. They **built** cars **to last** in those days.
  —You can say that again.

one size fits all
tamanho único
tamanho padrão
modelo padrão

Expressão usada para descrever qualquer serviço ou produto que, em princípio, serve de forma universal, que cobre todos os aspectos de uma determinada situação etc.

- —Do you offer any personalized courses here, or is it a case of **one size fits all**?
  —Well, that depends on your pocket.

(to be) rough and ready
tosco
rudimentar
modesto
precário

Refere-se a algo barato e sem nenhum luxo. Também é usada para descrever pessoas rústicas, pouco refinadas.

- —How was your accommodation in the Old Town?
  —It was a bit **rough and ready**, but as I only needed a place to sleep, it was okay.

GIVE CREDIT WHERE IT'S DUE

CRÍTICAS E ELOGIOS

felicitar e elogiar

all credit goes to (+ name)
o mérito é todo de...
to give credit where it's due
dar o crédito a quem o merece
dar o crédito a quem tem direito
to give (someone) one's due
para ser justo...
a bem da verdade

A primeira é uma expressão que se usa quando, diante de uma realização, alguém quer atribuir o êxito a uma determinada pessoa. *To give credit where it's due* costuma ser utilizado como uma concessão, embora nem sempre, inclusive quando estamos de acordo com tudo, queremos reconhecer o trabalho, sua coerência ou qualidade. A terceira segue claramente nesta direção.

○ 1) **All credit goes to** the backstage team, who worked through the night to get the hall ready for this event.

2) **To give** Fiona **her due**, she took the criticism well.

congratulations
parabéns
well done
muito bem
perfeito

Congratulations é reservado para felicitar alguém depois de ter conseguido algo importante: ser aprovado em um exame ou na obtenção da habilitação, terminar um curso universitário, uma vitória esportiva... ou simplesmente fazer aniversário ou se casar. *Well done* é usada para celebrar desde a realização mais humilde até a conquista mais espetacular.

○ —I've bought everything we need for the paella.
—Oh, **well done**!

you deserve no less
it's no less than you deserve
é o mínimo que você merece
you've earned it
você mereceu

Estas três expressões destacam que uma pessoa merece aquilo que conseguiu. As duas primeiras são *polite* e, inclusive, um pouquinho formais. A terceira é mais direta. Atenção! Seria um pouco presunçoso mudar os pronomes para dizer: *I deserve no less*, *It's no less than I deserve* ou *I've earned it*.

> —I don't know what to say, this is a tremendous honour.
> —**It's no less than you deserve**.

good on (you)
fair play to you
muito bem!
que bom!
é isso aí!

Significam a mesma coisa que as anteriores, embora *good on you* seja mais comum na Austrália e na Nova Zelândia. *Fair play to you* é muito usada na Irlanda.

> —Tom has decided he wants to go to university to study Film and TV Production.
> —**Good on him**.

I've got to give it to you, kid
I gotta hand it to you, kid
a verdade seja dita
é preciso reconhecer

Expressão informal que se usava nos filmes quando, no final, o herói (em geral jovem e bonito) era reconhecido pelos mais velhos como alguém que, por exemplo, acabava de salvar o mundo. Na segunda, o *got to* foi fundido para se converter em *gotta*.

> **I've got to hand it to you, kid**. You were right all along.

CRÍTICAS E ELOGIOS

way to go!
é isso aí!
maravilha!
joia!
massa!

Abreviação da expressão *that's the way to go* (também utilizada). É empregada, principalmente, pelas pessoas jovens para elogiar uma façanha de alguém (mais do que ser dita, geralmente é gritada). É mais norte-americana do que britânica.

- —First of all, I'd like to thank all my supporters and sponsors, and of course my family and friends...
  —**Way to go**, Rafa!

falso mérito

to take the credit (for something)
atribuir-se o mérito (por ter feito algo)
receber o crédito (por ter feito algo)

Esta expressão é usada para assumir a responsabilidade por um êxito. Pode ser utilizada também para criticar alguém que recebeu um mérito que, na verdade, não é seu. Já sabemos que os elogios, às vezes, recaem unicamente sobre uma pessoa, quando o mérito é de toda uma equipe. Pode-se acrescentar *all* antes de *credit*.

- The government **took all the credit for** the new legislation, when in fact they were against it until the very last minute.

criticar e se queixar

I don't like to complain, but...
não gosto de me queixar, mas...

Típica expressão, muito *polite*, que indica que uma queixa está prestes a surgir. É mais frequente no inglês britânico do que no norte-americano.

- **I don't like to complain, but** you were supposed to meet us at the airport.

(it) takes one to know one
that's the pot calling the kettle black
olha quem está falando
olha o sujo falando do mal lavado

Uma réplica muito diplomática para quando se é alvo de um insulto, embora implique aceitá-lo, porque a pessoa o devolve sem negar a acusação.

- —You're a real bastard, you know that?
  —**Takes one to know one!**

to throw the book at somebody
castigar com todo o peso da lei
punir severamente

Em sentido figurado, o livro que vão atirar em alguém é um livro de leis, ou seja, ele vai pagar todas as infrações que cometeu, por menores que sejam. Costuma-se dizer quando alguém foi surpreendido com a mão na massa.

- If they catch us doing this, they'll really **throw the book at us**. We won't get off lightly again.

(there's) room for improvement
há margem de melhora

É uma expressão *polite* e diplomática que, sem indicar uma queixa em si, deixa claro que podemos esperar algo melhor no futuro. Para expressar que aquilo que já se conseguiu é adequado ou resulta aceitável, pode-se dizer *There's still room for improvement*. Para expressar justamente o contrário, seria possível dizer *There's clearly room for improvement*. Pode-se acrescentar *still* antes ou depois de *room for improvement*, para enfatizar.

- We were happy with the team's performance against Portugal, but **there's room for improvement** still.

that's (just) not good enough
só isso não resolve
isso não é nada bom

Expressão dura que, embora não constitua falta de educação, pode chegar a ofender. Pode-se dizer com e sem *just*. Aplica-se a situações nas quais uma pessoa não se dá por satisfeita.

- We've been waiting two hours for our flight to be called, with no information from you. **That's just not good enough.**

(what a) load of crap*
*que merda**
*que bosta**

Expressa descontentamento total e é muito provável que ofenda, pois é muito vulgar. É usada em situações em que uma pessoa não ficou satisfeita, e serve também para declarar que algo é mentira. A ênfase recai no substantivo *crap*, que soa mal (e cheira mal também).

- —**What a load of crap** this is, but I have to read it for my Master's.
  —I hope nobody says that about your thesis.
  —I mean, oh, sorry.

ON THE CARDS

POSSIBILIDADE E PROBABILIDADE

provável

can-do
tudo é possível
podemos fazê-lo
(to be) doable
é factível
é possível

Can-do significa algo assim como "sim, eu posso" ou "sim, nós podemos". Refere-se a uma predisposição proativa, geralmente em contraste com atitudes contrárias. É empregada, principalmente, como adjetivo, e os dois verbos são bem pronunciados, com uma pequeníssima pausa entre eles. O adjetivo *doable* (o que pode ser feito) é parecido: algo que pode ser difícil, mas não impossível. É mais comum quando falamos do futuro.

○ 1) What I like about her is her **can-do** attitude.

2) Of course what you ask is **doable**, but it'll be expensive.

in all likelihood
com toda probabilidade
o mais certo é...

Expressa que algo está entre provável e muito provável. É usado no inglês padrão e, principalmente, em informativos e no jornalismo. Pode ser aplicado a uma ampla gama de situações e contextos, sempre que falarmos de futuro, é claro (por isso sempre aparece seguida de uma frase nesse tempo verbal).

○ —**In all likelihood**, you will be the first woman to be named head of this Department. How do you feel about that?
—Tremendously proud, but maybe another woman should have had the honour years ago.

POSSIBILIDADE E PROBABILIDADE

it stands to reason
o lógico é que...
pela lógica
tudo indica que...

É uma expressão que se refere a algo que talvez não tenha acontecido, mas pelo menos é verossímil e lógico.

- —Has she said anything about it yet?
  —No, but **it stands to reason** that she won't like it. After all, she's never liked these sorts of things...

I've a good mind to...
tenho vontade de...
a minha vontade é de...

Muito utilizada quando alguém é tomado por um desejo incontrolável de castigar outra pessoa, e adoraria fazê-lo, porque esta merece. No entanto, não está claro que vá concretizar isso. Aparece seguida de um verbo.

- **I've a good mind to** report you to the Consumer Rights Association for selling food in this condition.

just in case
por precaução
só para prevenir

Embora não se trate de algo muito provável, seria sensato tomar precauções.

- We're not expecting the weather to be bad today, but you'd be well advised to take some waterproof clothing and an umbrella, **just in case**.

the odds are...
o mais provável é que...
a probabilidade é que...

Esta expressão vem do mundo das apostas e indica as probabilidades (*the odds*) que um cavalo tem de ganhar, expressadas em termos numéricos. Pode ser aplicada em uma ampla gama de situações e contextos, embora sempre quando falamos do futuro. Diz-se que *the odds are (that)* + sujeito + verbo.

- **The odds are** ten to one that Brazil will win this match.

(the) odds-on favourite(s)
o que tem mais possibilidades
it's a dead cert
é certo
é seguro
não há dúvida de que...
isto é certeza

A origem das duas expressões deve ser buscada nas apostas esportivas. *The odds* são os lucros que obtemos se nosso cavalo ou equipe ganha. Por exemplo, *the odds are ten to one* significa que, se você ganhar, receberá dez libras (ou a moeda que seja) para cada libra apostada. *Odds-on* quer dizer que lhe dão uma libra para cada libra apostada, ou seja, você ganha o mesmo que apostou. O significado da segunda expressão é fácil de adivinhar sabendo que, no inglês informal, *dead* (morto) é sinônimo de *very*, e *a cert* é *a certainty* (uma certeza). As duas expressões são conjugadas com o verbo *to be*.

○ 1) Brazil were **odds-on favourites** to win the tournament, but they didn't even reach the semi-finals.

2) —Will this government be re-elected?
—**It's a dead cert**.

a shoo-in
o favorito
o candidato mais provável

A shoo-in é uma expressão muito utilizada em política, negócios ou esportes quando um candidato tem tudo para ganhar. Pode-se dizer *to be a shoo-in* ou *to have a shoo-in*. Originalmente, *shoo-in* era o cavalo que ganharia a corrida, não por méritos próprios, mas porque a prova estava "comprada". O cavalo em questão venceria a corrida mesmo que fosse totalmente preguiçoso e tivesse de ser sempre estimulado (*shooed-in*) para que cruzasse a linha de chegada. Por isso, *a shoo-in* pode ter também o sentido de algo que está preparado, embora este uso já não seja muito comum.

○ She's by far their best sales rep, so she's **a shoo-in** for the free cruise holiday for the three best sales reps.

previsível

I saw it coming
I could see it/that coming
sabia que isso podia acontecer
previ que isso fosse acontecer

Esta expressão é usada quando aconteceu algo que podia causar surpresa aos demais, mas que alguém previu que poderia acontecer, embora não tivesse dito nada antes.

○ —Silvia has left the company; did you know?
—No, but **I could see it coming.**

I wouldn't be surprised...
não me surpreenderia
não estranharia

Existe esta versão concisa que termina com *surprised* e uma versão mais longa com *second conditional* em toda a regra, para expressar algo que se supõe como pouco provável, mas ao mesmo tempo muito possível de acontecer. A construção da versão mais longa seria *I would not be surprised + if +* sujeito + verbo (*simple past subjunctive*).

○ —I think Gina could be a bit late.
—**I wouldn't be surprised.**

it comes as no surprise to me
não me surpreende

No caso de ter de explicar o que é que nos surpreende tanto, existe uma versão mais completa, que diz *it comes as no surprise to me to learn that...*

○ —Well, there we go; Spain are the new world football champions.
—**It comes as no surprise to me,** Gary; they've got so much talent that...

no surprise there
isso não é nenhuma surpresa

Esta é uma expressão parecida com a anterior. Uma outra tradução, que também pode servir em outros contextos, seria "isso não surpreenderia ninguém".

- —It was terribly hot in Marrakech when we were there.
  —When did you go?
  —July.
  —**No surprise there.**

surprise, surprise
isso o surpreende?
mas é claro!
eu sabia que isso podia acontecer
que novidade!

Normalmente utilizada em tom sarcástico para indicar que algo pode ter causado surpresa a outra pessoa, mas não a nós.

- —We didn't manage to get tickets for the Bruce Springsteen concert.
  —**Surprise, surprise**. You left it far too late.

pouco provável

dark horse
vencedor inesperado
zebra
azarão

Aplica-se a um candidato ao qual não se havia dado muita atenção em uma competição, mas que, de repente, surpreende e pode triunfar e se impor sobre os candidatos favoritos. *Dark Horse* é uma canção de George Harrison, de 1974. Ele explica em sua autobiografia que, na verdade, não sabia o significado da expressão. Em Liverpool, chamavam de *dark horse* o homem que mantinha uma relação clandestina. A canção foi inspirada em seu casamento, pois sua mulher o deixou pelo guitarrista (e amigo) Eric Clapton.

- The club are looking for a new coach for the first team, and a lot of top-name international candidates have been mentioned in connection with the job, but there's a local boy a bit of **a dark horse** who still might get the job.

a long shot
uma possibilidade remota

No futebol, no golfe ou no basquete, um ataque de longe (*a long shot*) tem poucas possibilidades de acertar o gol, a cesta ou o buraco. Daí a expressão.

- —This is **a long shot**, but would you be interested in some tickets I have for a weekend meditation workshop? I bought them ages ago, and now we can't go. I know it's not your kind of thing, but you never know unless you ask, do you?
  —A meditation workshop? How many hours did you say?

a shot in the dark
um tiro no escuro

Disparar no escuro não oferece garantias de sucesso. Apela-se mais para um golpe de sorte do que para qualquer outra coisa.

- —So you're from Athens? Do you happen to know someone called Mado Iliopolou?
  —I don't actually. There are two million people in Athens, you know.
  —Yeah, it was just **a shot in the dark**, really.

(to be) unlikely
(to be) not likely
é pouco provável
not likely!
nem pensar!

Três expressões muito comuns do inglês padrão. São sempre usadas quando se fala do futuro. A terceira expressão, *not likely!*, é uma versão da segunda e significa simplesmente "nem pensar!".

○ —Hey, Yolanda, listen, we're likely to be a bit late for lunch. We've just left the house and there's a lot of traffic. Start without us.
—**Not likely!** We'll wait for you.

a likely story
conversa fiada
desculpa esfarrapada

Esta é uma forma de alguém se mostrar cético. É inglês padrão oral.

○ —Sorry we're so late. There was a lot of traffic, and we took the wrong motorway exit, and then we...
—**A likely story!** You've always got an excuse for being late, haven't you?

to not (have) a cat in hell's chance
to not (have) a snowball's chance in hell
ter zero de possibilidades
ter chance zero
não ter nenhuma chance
não ter chance alguma

Estas duas expressões descrevem uma situação destinada ao fracasso. Literalmente, como as possibilidades que um gato ou uma bola de neve têm de sobreviver no inferno. Em ambas pode-se omitir o verbo *to have*.

○ 1) We know we haven't got **a cat in hell's chance** of winning this competition, but we're going to compete anyway.

2) My friends said I never had **a snowball's chance in hell** of ever getting her to fall in love with me. But I still dreamt of it.

inevitável

bound to happen
tinha de acontecer
estava claro que...
era inevitável que...

set to happen
está previsto que...
tudo indica que...

A primeira se refere a algo provável de acontecer, se nos basearmos na informação que temos agora, embora o fator azar sempre possa intervir. A segunda diz respeito a coisas já programadas ou previstas no nível técnico, e com isso talvez indique um maior grau de probabilidade. Ambas são inglês padrão.

Set to happen é mais formal. *Happen* pode ser substituído por outros verbos (como nos exemplos seguintes).

○ 1) Unless we take some precautionary measures now, we're **bound to** run into problems after we launch the product in two months.

2) This new solar power energy platform is **set to** provide enough electricity for a town of 5,000 inhabitants.

foregone conclusion
um resultado previsto
um resultado inevitável
algo que se sabia que ia acontecer

open-and-shut case
um caso claríssimo
um caso óbvio

As duas expressões provêm da linguagem legal. São típicas nos julgamentos em que o veredito é cantado antes de começar, seja pela contundência das provas que serão apresentadas, pelos preconceitos dos jurados ou pela pressão dos meios de comunicação. A expressão foi criada por Shakespeare em sua tragédia *Otelo*.

○ 1) It was a **foregone conclusion** that the director's daughter would get the job as head of human resources.

2) Their lawyer advised them to plead guilty and appeal for clemency, as it was such an **open-and-shut case**.

(to be) on the cards
estar anunciado
estar previsto
ser inevitável

A voz da superstição dos marinheiros de antigamente quando tentavam adivinhar seu futuro lendo as cartas. Se algo está *on the cards*, é inevitável que aconteça. A versão norte-americana é *in the cards*.

○ A major policy change is **on the cards** in the government, according to today's news.

NO RUSH

COM PRESSA OU COM CALMA

com pressa

get a move on!
get your skates on!
get on your bike!
apresse-se
vamos com isso
ande logo

get your arse into gear!*
mexa-se

Quatro expressões no imperativo para fazer alguém se apressar num momento determinado. A segunda é muito usada pelos torcedores de futebol escoceses. A quarta é mais informal.

○ We have to leave in 45 minutes and you're not even packed yet for the holiday. I suggest you **get a move on**.

in the nick of time
bem a tempo
to cut it fine
com o tempo apertado
com o tempo justo
deixar tudo para a última hora
chegar em cima da hora

A primeira é usada, principalmente, quando relatamos algo no passado. Quanto a *to cut it fine*, emprega-se com qualquer tempo verbal para expressar que uma pessoa deixou pouquíssimo tempo para fazer o que tinha de fazer, ou seja, deixou para a última hora.

○ —What time is your flight?
—In three hours.
—Hadn't you better be going? It'll take us at least 90 minutes to get to the airport, you know. You're **cutting it** very **fine**.

to jump the gun
sair antes da hora
agir com antecipação
adiantar-se aos acontecimentos

Esta expressão lembra os corredores de uma competição de atletismo que começam a correr pouco antes de soar o tiro de saída. Pode ser utilizada para se referir a qualquer ação ou gestão precipitada, e geralmente com *don't* na frente.

> Now don't **jump the gun**, but next Monday they're going to announce the creation of a new managerial position in the Production Department, and I thought you might be interested.

no time to waste/lose
não há tempo a perder
look smart (about it)
ande logo!
quick as you like
rápido!

Três formas de apressar alguém. Às vezes terminam com um ponto de exclamação.

> —Come on, Karen. **No time to waste!**
> —Allright, allright, just give me a minute.

time's up!
timed out
acabou o tempo
tempo esgotado

Duas formas de expressar que o tempo disponível se esgotou. A segunda lembra a máquina que desliga sozinha depois de um período de funcionamento. *Time out* é um *break* para o café, e também é usada quando se tenta acalmar os nervos de alguém.

> 1) Sorry, **time's up**. Can't wait any longer.
>
> 2) —The program didn't let me finish the test!
> —But you knew that once you started you only had 60 minutes on-line, and if you took longer than that well of course you **timed out**.
>
> 3) Ok everyone, we've been debating this for over 2 hours. Let's take some **time out**.

T minus five
faltam cinco minutos

Um aviso que uma pessoa ou uma máquina dá de que faltam cinco minutos (pode-se mudar o número). Também é a fase típica usada na contagem regressiva quando se vai lançar um foguete: *T minus 10, 9, 8...*

> —**T minus five**, Max.
> —Okay, okay.

com calma

all in good time
tudo a seu tempo
cada coisa no seu devido tempo

Algo para o qual não há pressa nem pressão para ser feito imediatamente.

○ —When will the younger players get a chance to break into the first team?
—**All in good time**. The important thing is for them to be mentally ready for it.

all the time in the world
todo o tempo do mundo

Uma forma mais extremada de expressar a mesma ideia que *no rush* (ver a entrada da página seguinte). Já foi utilizada por Louis Armstrong em uma famosa canção com esse título. Em geral, aparece acompanhada de *got* ou *have got*.

○ —I don't want to keep everyone waiting!
—Don't worry, honey, we've got **all the time in the world**.

for as long as it takes
não importa quanto tempo demore
o tempo que for necessário

Esta expressão é utilizada quando não há limite de tempo nem pressa: o importante é realizar bem o trabalho, sem ficar olhando para o relógio ou para o calendário. É utilizada com verbos no futuro (*will/going to*) ou em referências ao futuro.

○ —How long will our military be committed to Afghanistan, Mr President?
—**For as long as it takes** to create a stable democracy in that country; thank you. Next question?

(there's) no rush
(there's) no hurry
sem pressa
não há pressa

(there's/we have) plenty of time
temos tempo

Três maneiras de expressar a mesma ideia: não há pressa. São todas muito frequentes, principalmente no inglês falado e em textos informais.

○ 1) —Darling, do you really need to sample every bottle of perfume and eau-de-cologne in this shop? We'll miss our flight.
—Nonsense, darling. **There's no hurry**; they haven't even started boarding yet.

2) —Shouldn't we be at the boarding gate now?
—We've got **plenty of time**. It won't be boarding for another 30 minutes.

take your time
when you're ready
demore o tempo que for necessário

Duas expressões para que o outro não se precipite. São muito frequentes no inglês oral e em e-mails mais informais.

○ —How should I hold the club?
—That's fine like that. Now, aim just between those trees there, because we want to drop the ball just on the other side of that water. **Take your time.** (...) Now, keeping your eyes on the ball... No, no... on the ball...

ready when you are
está pronto?

Uma versão concisa de *I'm ready when you are*, ou seja, "estou pronto, e você?". Diz-se a alguém que está demorando para fazer alguma coisa.

○ —Now, Jamal, have you got the answer to the question? Remember, it's for 500,000 Rupees.
—Ummm... I'm not sure if it's A or D.
—20 seconds left, Jamal... 10 seconds... **ready when you are.**
—Ummm... A!

I'VE HAD IT UP TO HERE

ESGOTAMENTO

and the point is?
onde você quer chegar?
o que quer dizer com isso?

Expressão muito direta que ataca a falta de coerência de um discurso, porque este carece de uma mensagem central (*the point*) ou porque é muito longo e não chega a lugar algum. Em muitos casos, dá a impressão de que a paciência da pessoa esgotou.

- —... so if we were able to sort of explain something to the clients that well, we can of course if we use one of those new, actually Marga had one the other day, so that's my opinion.
  —**And the point is?**

(to be) at the end of one's tether
não poder mais
ter chegado ao seu limite

A corda que ata um cavalo a um poste é um *tether*, e *to tether* é "atar, amarrar". Se o cavalo puxar a corda até não poder mais, a corda cederá e o cavalo ficará solto com toda a sua raiva. Se estivermos *at the end of our tether*, isto significará que não podemos aguentar mais e estamos prestes a explodir de raiva (justificada, certamente).

- Some kids have covered the front of the house with graffiti again! We've only just had the last lot cleaned off! **I'm at the end of my tether** with the people in this part of town!

ESGOTAMENTO

fed up
farto
de saco cheio*
estar por aqui (fazendo um gesto com a mão na altura da cabeça)

Não tem nada a ver com *fed*, o passado do verbo *to feed* (alimentar): trata-se da expressão mais habitual para alguém dizer que está farto. É informal, mas não ofensiva. *Fed up to the teeth* e *fed up to the back teeth* (estar no seu limite) são versões alternativas. Diz-se *to be fed up + with something/somebody* ou então *to be fed up + with somebody doing something*.

○ —I'm **fed up with** this computer. When are we going to get a decent one?
—When we can afford it.

for God's sake!
for Pete's sake!
pelo amor de Deus!
por Deus!
for fuck's sake!*
pela puta que pariu!*

Expressões de frustração, exasperação ou aborrecimento. A terceira é a mais vulgar. Muitas vezes, estão acompanhadas do desejo de que um determinado comportamento se modifique, do ponto de vista daquele que fala, obviamente.

○ —... and I forgot to set my alarm clock again, so I was late for work, and they warned me about it...
—**For God's sake**, when are you going to develop more sense of responsibility?

I've had it up to here
estou por aqui
cheguei ao meu limite

Talvez não fique muito claro onde está *here*, mas não importa. É uma versão mais forte do que *I'm fed up*. Certamente, admite outros pronomes como sujeito, mas não é demais perguntar a que *it* se refere aqui. Em português, quando alguém diz "estou por aqui", costuma indicar a cabeça ao pronunciar "aqui". A construção é (pronome) + *had it up to here* (+ *with something/somebody*) ou então (+ *with somebody doing something*).

- —What's up?
  —**I've had it up to here** with those neighbours! Why do they think we want to listen to their music all the time?

here we go again
... e lá vamos nós de novo...
a mesma história de sempre

Expressão irônica que indica que uma pessoa está farta de escutar a mesma história ou de se encontrar em uma determinada situação. Pode ser usada em tom irônico ou irritado.

- —I'm ringing to say I'm going to be late for dinner, about an hour, or maybe two.
  —Oh, **here we go again**. What is it this time?

put a sock in it*
ah, cale a boca!
pare de falar nisso

Forma direta, muito informal e agressiva, já que se convida o interlocutor a se calar. Embora seja possível dizer com um sorriso ou suavizá-la ligeiramente com um *will you?*, continua sendo uma expressão vulgar.

- —... and that's another thing you never do when I ask you; how many times do I have to ask you to?
  —Oh, **put a sock in it**!, will you?

the straw that broke the camel's back
the final straw
the last straw
a última gota
a gota d'água

Em inglês, não são gotas, mas palhas (*straw*) que, pouco a pouco, quebram as costas do infeliz camelo. A segunda e a terceira expressões são muito parecidas: são versões abreviadas da primeira.

- When she started going through my work bag, opening my mail and reading my personal diary, that really was **the final straw**.

that takes the biscuit!
isso é o cúmulo!
isso é um absurdo!
isso é o fim da picada!

Aqui, *biscuit* não significa "biscoito", embora na Grã-Bretanha haja uma grande cultura em torno deles. Esta expressão é utilizada quando algo é tão absurdo que chega a ser o cúmulo. A ênfase é colocada em *takes* e *biscuit*.

- —... and apparently he started stealing from his parents to get the money to buy drugs.
  —Well **that** just **takes the biscuit!**

to top it all off
para o cúmulo dos cúmulos

Serve para expressar nosso esgotamento diante de uma situação. Quando as coisas não podiam piorar, alguém supera nossas piores expectativas.

- He lied to me, ripped me off, took my job, married my wife and, **to top it all off**, my kids loved him!

ODDS AND SODS

INDEFINIÇÃO, SEM ESPECIFICAÇÃO

bits and bobs
bits and pieces
detalhes
algumas coisinhas

A primeira expressão é do inglês britânico informal. A segunda é mais internacional.

○ —Are you ready to go?
—Hang on; I've just got a few **bits and bobs** upstairs. Back in 30 seconds.

to hedge one's bets
estar se garantindo

Hedge é uma sebe (cerca de arbustos ou cerca viva). A expressão é para alguém que não se inclina claramente nem para um lado nem para o outro e quer manter várias opções abertas para minimizar o risco. No mundo dos investimentos, *hedge* significa "dividir o risco". Em português, usa-se a expressão em inglês *hedge funds* para designar os "fundos de investimento livre".

○ —So, now that you've heard their prediction for the next 18 months, are you on board?
—No. I'm going **to hedge my bets** for the time being.
—I see.

here and there
around and about
aqui e ali
daqui para ali

São respostas evasivas a perguntas diretas e indiscretas do tipo "onde você tem estado?".

○ —So where have you been these last year?
—Oh, **here and there**, you know...
—Sure.

odds and ends
odds and sods
pequenos detalhes
algumas coisas

Expressões similares a *bits and bobs*. Também aparecem no inglês britânico informal.

○ —Is that everything for today then?
—Not quite; I think Stuart has a few **odds and sods** he needs to mention before we go.

this and that
isto e aquilo

Para falar de temas em geral, principalmente quando não interessa entrar em detalhes.

○ —What were you two talking about when I came in?
—Nothing much; just **this and that**, you know.

stuff
coisas minhas
nada
bobagens

Originalmente, era empregada para coisas não contáveis. A tradução varia muito, dependendo do contexto; no exemplo, a resposta vaga que se costuma dar é "nada...". É informal.

○ —What do you and your friends do when you go out at night?
—Oh, **stuff**.

what with one thing and another
em meio a uma coisa e outra

Esta expressão é usada para uma pessoa se desculpar por não ter feito algo. Na realidade, ela não quer dizer o que a impediu de dar andamento a alguma coisa.

○ —**What with one thing and another**, I wasn't able to phone you over the weekend. Sorry.
—How long does it take to select a name from your Contacts list?

LOVE AT FIRST SIGHT

AMOR E ÓDIO

a love-hate relationship
uma relação de amor e ódio

Curiosamente, as relações de amor e ódio costumam ter mais do segundo do que do primeiro...

- Nati and her daughter, they have **a love-hate relationship**.

absence makes the heart grow stronger
a distância aumenta o amor
a ausência estimula o afeto
a ausência é para o amor o que o vento é para o fogo

Este provérbio enfatiza de maneira otimista e romântica a esperança de que a distância geográfica não vá afetar a solidez de uma relação.

- —You won't forget me while you're away, will you?
  —Of course not; **absence makes the heart grow stronger**.

it takes two to tango
quando um não quer,
dois não brigam

Versão otimista e romântica de *it takes two to quarrel* (dois não brigam, se um não quer). Aqui o tango é o símbolo de harmonia, concentração e amor. Esta expressão é bastante usada na hora de paquerar.

- —I hear that you set up a blind date for Jim with Amaya. How did it go?
  —Yes, I did, but it didn't lead to anything. She was keen, but he wasn't. **It takes two to tango**, doesn't it?

love at first sight
amor à primeira vista

Em português, a expressão é literal – "amor à primeira vista". Contudo, em ambas as línguas, é curiosamente usada muito mais vezes como pergunta ou no passado. *It was a case of love at first sight.*

- Do you believe in **love at first sight**, or shall I walk past you again?

love will find a way
o amor pode tudo

O amor sempre encontrará um caminho ou uma maneira de conseguir o que deseja. Esta expressão é empregada principalmente em situações de adversidade, em que a esperança precisa de muito espaço.

- Even though things look hopeless for you at the moment, I'm sure **love will find a way**.

there's no love lost between (name) and (name)
(fulano) e (fulana) não podem nem se ver

Para que o amor se perca, é preciso que ele tenha existido antes, e esta expressão deixa bem claro que tal sentimento nunca existiu. É usada para descrever uma relação que há muito tempo esteve repleta de tensões. Também é possível dizer *little* em vez de *no*, e o significado é o mesmo.

- Unfortunately, **there's no love lost between her parents and mine**, though we do manage to get them together once a year.

HEAD OVER HEELS

RELAÇÕES SOCIAIS, SEXUAIS E AMOROSAS

ter um bom relacionamento

to get on like a house on fire
dar-se muito bem
dar-se às mil maravilhas

Uma expressão muito descritiva que serve para definir as excelentes relações entre familiares, amigos, colegas de trabalho ou até mesmo entre dois animais de estimação, como no exemplo abaixo. Não se pode acrescentar nem tirar nenhuma palavra: é utilizada sempre dessa maneira.

○ —How do you find it having a cat and a dog living with you?
—No problem at all; in fact, **they get on like a house on fire**. They grew up together.

to get on with somebody
dar-se bem com alguém

Esta é uma maneira informal de expressar que a relação com familiares, amigos ou companheiros de trabalho vai muito bem. Em geral, acrescenta-se *well* depois de *on* ou no final: podemos dizer *to get on well with somebody* ou *to get on with somebody well*. Para expressar o contrário, diríamos *they don't get on well* ou *they get on badly*. No inglês norte-americano, utiliza-se *get along*.

○ —How important do you think it is **to get on well with** the people you work with?
—Very important. I didn't **get on well with** my workmates in my last job, and that's why I left.

RELAÇÕES SOCIAIS, SEXUAIS E AMOROSAS

(to be) joined at the hip
ser unha e carne

Imagine duas pessoas que estão unidas (*joined*) pelos quadris (*hip*). Iriam juntas para todos os lados, não é? É isso basicamente que indica esta expressão.

- Ramón and Teresa seemed to be **joined at the hip**. You won't see one without the other!

to see eye to eye
estar de acordo
ser da mesma opinião

Uma maneira informal de expressar o bom entendimento entre duas pessoas.

- After the meeting with the Chinese Premier, the President declared that the two leaders **saw eye to eye** on most of the key issues affecting international trade and relations.

apaixonar-se

(to be) crazy/mad about someone
to have the hots for someone
estar louco por alguém
estar com tesão por alguém*

As duas primeiras são coloquiais e bastante comuns. *Crazy* e *mad* são quase sinônimos (louco). *To have the hots for someone* é muito informal e expressa um desejo de tipo sexual.

- —I'm **crazy about** this girl in my Biology class.
  —And what's your plan of action?
  —Action? No, she would never look at me.

to fall in love with somebody
apaixonar-se por alguém
(to fall) head over heels
estar perdidamente apaixonado
estar loucamente apaixonado
to lose your head over someone
perder a cabeça por alguém

A primeira expressão é muito usada, supostamente porque acontece com frequência. Há quem expresse o desamor da mesma maneira, apenas trocando *in* por *out* (*fall out of love*), embora seja um uso pouco gramatical. A metáfora da queda também reflete bem *head over heels*, que em outros contextos pode significar "cair de cabeça", por exemplo, para descrever que alguém caiu de cabeça na escada. Perder a cabeça está literalmente refletido na terceira expressão.

- —You look a bit strange. Oh no, you haven't **fallen in love with someone**, have you?
  —I have, I have, **I'm head over heels**.
  —Remember what happened last time **you lost your head over someone**?
  —No.

to fancy someone
gostar

Esta expressão implica que há um interesse por determinada pessoa, talvez não confessado abertamente, mas que vai além de mera amizade. É uma expressão bastante informal e utilizada no inglês britânico.

- —I've seen you looking at him; don't tell me **you don't fancy him**.
  —Are you crazy? He's repulsive...
  in a cute sort of way.

estar interessado

to ask someone out
convidar alguém para sair

Cedo ou tarde, uma pessoa convida outra para sair. Este verbo é usado para este primeiro (e às vezes único) encontro.

○ —Some idiot friend of my brother's **has asked me out** on Friday night.
—What did you tell him?
—I said yes.

to chat someone up
cortejar alguém
to pick someone up
seduzir/conquistar alguém

A primeira expressão deixa claro que a tática empregada é a destreza verbal. Se você *chatted someone up*, significa que você conseguiu chamar a atenção de alguém graças a seus dotes verbais. A segunda implica também que o objetivo foi atingido. Certamente, usamos *a pick up line* – uma cantada – para abordar alguém: por exemplo, o muito batido "Você vem sempre aqui?".

○ —Are you trying **to chat me up**?
—Isn't that obvious?

to go out with someone
(to be) dating someone
(to be) seeing someone
sair com alguém
saindo juntos
estar com alguém

A primeira expressão pode servir para um encontro (*a date*) ou para uma relação mais estável sem, no entanto, que se viva junto. A segunda significa o mesmo e é mais habitual no inglês norte-americano. A terceira é a mais formal. No filme *O feitiço do tempo* (1993), por exemplo, Bill Murray a usa para perguntar a Andie MacDowell:

○ —**Are you seeing anyone**?
—I think this is getting too personal. I don't think I'm ready to share this with you.

to try it on with
to make a pass at
to make a play for
to hit on (someone)
(tentar) paquerar
(tentar) chegar em alguém

Quatro maneiras de expressar uma tentativa de paquera, sem que necessariamente se tenha êxito. A segunda é um pouco menos informal, embora em geral as quatro sejam bastante coloquiais. A quarta é a mais juvenil de todas.

○ —Oh my God, Paco **has just made a pass at me**!
—Oh. So I imagine he wasn't successful.

consumar

to get off with someone*
fazer amor com alguém
unir-se a alguém
to score with someone
conseguir transar com alguém
to have it off with someone*
transar com alguém
to get some action
to get laid*
transar

Os menores de 15 anos que parem de ler agora mesmo. Eis aqui cinco expressões que se referem, como diria minha mãe de uma forma mais romântica, ao ato de fazer amor com alguém (*make love with someone*). E sem que haja necessariamente uma declaração formal de amor ou a promessa, mesmo vaga, de se ver de novo. Certamente há uma infinidade de verbos mais vulgares para se referir à mesma coisa. Se lhe interessa conhecê-los, certamente os encontrará no livro *Word up!*

○ —You look a bit low. When was the last time you **got some action**?
—Hang on; let me get a calendar.

RELAÇÕES SOCIAIS, SEXUAIS E AMOROSAS

formar um casal

to get hitched
casar-se
to commit (oneself) to someone
to get engaged
comprometer-se
to get married
casar-se

Várias formas de se referir ao momento de se comprometer ou se casar. A primeira é informal e vem do fato de atrelar (*to hitch*) o cavalo a um carro. *To commit to someone* ou *to commit yourself to someone/something*, além de se referirem ao compromisso sentimental, podem indicar, por exemplo, um contrato com um clube de futebol. Mais atuais são *to get engaged*, normalmente com um anel de compromisso no meio, e *to get married*.

○ —A lot of women are under the impression that men find it hard to commit. Strange, isn't it?
—Yes, I can't understand that; **I've got hitched** dozens of times.

to get together
to go steady with somebody
sair com alguém
estar levando a sério uma relação

As duas expressões relacionam-se à ideia de sair com alguém. A primeira é mais genérica, mas não necessariamente superficial. *To go steady* é usada quando há mais compromisso e é empregada se um dos membros de um casal quer começar a sair com o outro em um plano mais estável, como namorados.

○ —Susana, would you like **to go steady with me**?
—I thought we already were!
—Oh, well, sure, of course we are...

(to be) made for each other
(serem) feitos um para o outro
(a) match made in heaven
um casal perfeito
um casal ideal

Para falar de casais perfeitos, ou seja, de metades da laranja que se encontraram e que, além disso, contam com a aprovação dos céus, temos duas expressões muito românticas. A expressão *a marriage made in heaven* data pelo menos de 1567.

🔘 —Rob and I **are just made for each other**!
—So, it's **a match made in heaven**, is it?

a partner
a couple
(to be) an item
(ser) um casal

A partner é o parceiro(a), independentemente de casamento ou de viver sob o mesmo teto. Atenção! *A partner* é também o sócio de uma empresa. *A couple* são duas pessoas que formam uma dupla. Informalmente, um parceiro é também chamado de *an item*.

🔘 1) Have you met my **partner**, Maria-Helena?

2) —Did you know that Gemma and David are now **an item**?
—No!

problemas

to cheat on somebody
enganar alguém
pôr-lhe chifres*
to fool around
encontrar-se com outros
to play around
ter um caso
passar o outro para trás

Três formas coloquiais que aparecem em muitas canções populares e de jazz. Significam "pôr chifres no(a) companheiro(a)", o que em um registro mais formal se diria *to be unfaithful to someone*, ou seja, "ser infiel". *To fool around* também tem o sentido mais geral de "fazer o outro de idiota".

🔘 —How come you two are no longer together?
—Well, the bastard **cheated on me**. And I suppose **I fooled around** a bit too.

RELAÇÕES SOCIAIS, SEXUAIS E AMOROSAS

to go pear-shaped
começar a ir mal

Esta expressão é utilizada quando uma relação que antes ia de vento em popa começa a ir mal. Também se usa em outros contextos: política, trabalho etc.

- When did our love **go pear-shaped**?

marry in haste, repent at leisure
case-se muito rápido e se arrependerá muito tarde

Provérbio de meados do século XVI, quando divorciar-se não era tão fácil como agora. *In haste* significa "com muita pressa"; *at leisure*, que há muito tempo para se arrepender do erro.

- —Are you sure you want to get married? **Marry in haste, repent at leisure**; that's what my parents drilled into me. I mean, how long have you known each other for?
  —For nine years.

reconciliação

to make up
to kiss and make up
fazer as pazes
to get back together
voltar (a sair juntos)
to patch things up
consertar as coisas

Quatro expressões que deixam claro que o casal acertou suas diferenças, embora, às vezes, principalmente na última (*to patch* significa literalmente "remendar"), possa ser uma solução tosca.

- **Patching things up** again just won't do. I think it's about time we split up.

to talk something over
esclarecer as coisas

Esta expressão é usada quando há a intenção de solucionar as coisas conversando.

- —Listen, I think **we** should **talk this over**, don't you?
  —What? Patch things up like we did last time?

rompimento

to break up
to split up
romper
terminar
to go your own way(s)
ir cada um para o seu lado

Todos estes verbos indicam uma separação mais por acordo mútuo (ou talvez por desacordo) que os três seguintes. Os dois primeiros são verbos intransitivos. Diz-se, simplesmente, *they broke up* ou *they split up*.

○ —Listen, I think you're a wonderful person, but I feel that **we should split up**.
—Thanks for letting me know.

to drop
to ditch
to give (someone) a P45
abandonar alguém
deixar alguém
dar o fora em alguém

Estas três expressões são informais e indicam que a separação não é exatamente por acordo mútuo: *to drop* significa literalmente "deixar cair" e *a ditch* é uma valeta. Fica claro, não? Quanto à terceira expressão, na Grã-Bretanha, quando uma empresa realiza uma demissão, entrega ao empregado um documento oficial chamado P45. No inglês norte-americano, esta carta de demissão chama-se *pink slip*.

○ —What's wrong?
—My boyfriend **ditched me**.
—What a prat he is!
—Don't talk about him like that!

to get separated
to get divorced
separar-se
divorciar-se

Aplicáveis apenas a casais casados.

○ Darling, Mummy and Daddy are going **to get separated**, but we both still love you very much.

RELAÇÕES SOCIAIS, SEXUAIS E AMOROSAS

começar de novo

footloose and fancy free
livre como o vento
livre como um passarinho
solteiro(a) e sem
namorado(a)

Significa estar sem compromisso e pronto para novas aventuras. Também é o título de um disco de Rod Stewart de 1977.

○ So now I'm **footloose and fancy free** again.

to let go
virar a página
partir para outra

A pessoa abandonada deve aceitar a nova situação e esquecer seu ex. Algo que nunca é fácil *if you ask me*.

○ —You have to learn **to let go**.
—She's not coming back.

(to have) no strings
sem compromisso
sem parceiro

Se alguém *has no strings* (literalmente "não está amarrada") é porque está disponível e sem compromisso. Quando se aplica a uma compra ou a uma oferta, seria traduzido como "sem condições".

○ —I find you very attractive. I was wondering, is there anyone... special in your life?
—No, I have **no strings**, at present.

(to be) on the lookout
andar à caça
sair buscando

Depois de tudo, a pessoa quer voltar a estar com alguém...

○ No, I'm not going out with anyone at the moment, but I am **on the lookout**.

A NEW BROOM

MUDANÇAS

vontade de mudar

(to do) an about-face
to turn everything
upside down
virar a casaca
dar uma reviravolta
fazer uma mudança radical
virar tudo de pernas para o ar
jogar tudo para o alto

A primeira expressão é muito comum em política quando uma pessoa, facção ou partido começa a defender todo o contrário do que afirmava antes. Originou-se no mundo militar, quando um batalhão virava ou recuava (*about-face* é "dar meia-volta"). As duas são utilizadas para criticar a mudança de postura.

- Why do you want **to turn everything upside down**? If it's so bad, why did you come here in the first place?

(a) new broom
novos ares
mudança de ares

Uma pessoa com novas ideias que pretende mudar as coisas, "varrendo" o anterior (daí o uso de *broom*, "vassoura"). Usa-se muito em política, depois de uma mudança de governo, por exemplo, mas também em esportes, em administração etc.

- It is our wish to appoint someone to be a completely **new broom** and make significant changes to the productivity of our office in Spain. Do you believe you're capable of doing that, Ms Sánchez?

to rethink the strategy
repensar uma estratégia
mudar a estratégia

É a versão politicamente correta das duas anteriores.

- In the light of the lack of success over the last season, as sporting director I feel we need **to rethink** our signings **strategy**. We've spend too much money on a few big names who have not performed to expectations, and I feel we now need to look for younger, less-established talent, the way some of our rivals do.

time for a change
hora de mudar
época de mudanças

Expressão predileta dos partidos políticos da oposição quando as eleições estão se aproximando.

- —I'm tired of doing the same thing every holiday; same hotel, same village on the coast.
—What are you talking about?
—I think **it's time for a change**; let's go to Bali or Sumatra or somewhere.
—Why? Are you tired of Denia?

não mudar

better the devil you know (than the devil you don't)
melhor o conhecido do que se aventurar no desconhecido
ruim com ele, pior sem ele

Expressa a ideia contrária de *a new broom*: uma pessoa contrária às novas ideias e que não aceita as mudanças.

- —Giovanni has just been named head of the design department, did you know? But maybe **it's better the devil that you know**.
—Maybe.

if it ain't broken, don't fix it
não se mexe em time que está ganhando
se está funcionando, por que mudar?

Reflete a ideia de não fazer mudanças se aquilo do que se fala (seja o que for) ainda está funcionando. *Ain't* é uma forma não padrão de *isn't*. Um dos diálogos entre Woody Allen e Helen Hunt, no filme *O escorpião de jade* (2001), diz algo assim:

- —I've been appointed to make some changes around here.
  —Hey, you know what? I say, **if it ain't broken, don't fix it**!

let sleeping dogs lie
não procurar pelo em ovo
não mexer na ferida

Este ditado é conhecido desde o ano de 1385, quando o poeta Chaucer o reproduziu em *Troilo e Créssida*. Sua origem provém da sabedoria popular, pois as pessoas aprenderam que não convém se meter com um cachorro que está dormindo. Hoje é muito comum e é utilizado para falar de situações de paz aparente, quando alguém não quer abordar determinado tema para que não ressurjam antigos problemas.

- Some people want justice for the crimes committed during and after the civil war, others just want **to let sleeping dogs lie**.

let's cross that bridge when we come to it
cada coisa a seu tempo
uma coisa de cada vez
não colocar o carro na frente dos bois

Serve para expressar que não convém se precipitar, não adiantar os acontecimentos, ou seja, não começar a se preocupar com algo que ainda não aconteceu.

- —Hang on; we've only been together for three weeks. You're talking about living together already. I say: **let's cross that bridge when we come to it.**
  —Oh, I see. I thought...

a stick in the mud
inflexível
antiquado
troglodita

Só é preciso imaginar o que diz esta expressão literalmente: um pau (*stick*) no barro (*mud*) que se afunda e não há quem consiga tirá-lo dali. É usada para criticar uma atitude conservadora. Expressa o contrário de a *new broom*, ou seja, uma pessoa que se opõe sistematicamente às ideias novas e é contra qualquer tipo de mudança. No filme *Educação* (2009), Peter Sarsgaad (David) diz a Alfred Molina (Jack, o pai da jovem Jenny) algo assim:

> O Now, Jack, your daughter thinks you're a bit of **a stick in the mud**, but it's not really true, is it? Because if you were, she wouldn't be what she is, would she?

FEEL THE FEAR AND DO IT ANYWAY

CORAGEM, AMBIÇÃO OU MEDO

(as) bold as brass
feito um figurão
com toda a ousadia
muito arrogante

Uma pessoa é *bold as brass* quando lhe sobra autoconfiança, talvez até a ponto de se tornar arrogante. *The brass* (latão) era considerado, há alguns séculos, um metal que brilhava muito e que dava uma boa imagem. Esta expressão é usada principalmente na Grã-Bretanha.

- You came in here, **as bold as brass**, talking as if you owned the place, when in fact you were nothing more than just another worker, like the rest of us!

to chicken out
ficar para trás
não cumprir com a palavra
amarelar
cagar-se*

Esta expressão é usada para indicar uma pessoa que deixa de fazer alguma coisa, em geral por medo ou covardia.

- —Wasn't your brother going to come too?
  —Yeah, but he **chickened out** at the last minute.

feel the fear and do it anyway
agir com coragem,
apesar do medo

Mais que um dito, é quase um mantra. É empregado para admitir o medo e, assim, poder superá-lo.

- —There's someone at work I really like, but the truth is I'm frightened to ask her out.
  —The worst she could say is no, isn't it?
  —Suppose so.
  —So, **feel the fear and do it anyway**.

to jump at the chance
aproveitar a oportunidade
não deixar escapar a chance

Expressão que descreve o fato de entrar em ação e não hesitar em buscar o objetivo, como se fosse um sonho ansiado há muito tempo.

- Although Tania was one of the younger members of staff, when a managerial position was advertised she **jumped at the chance**.

to pluck up the courage
armar-se de coragem
encher-se de coragem

Expressão perfeita para ser utilizada no momento em que a pessoa precisa reunir (*to pluck up*) toda a coragem de que dispõe para enfrentar uma situação espinhosa, tomar uma decisão difícil ou dar um passo importante. É construída assim: *pluck up the courage + to do/and do + something*. Também é possível dizer *to take one's courage in both hands*.

- —Have you had that conversation with your father yet? You know the one I mean.
  —Not yet. I haven't been able **to pluck up the courage** yet, but I'll try to talk to him this weekend.

(to be) up for it
estar disposto
estar a fim de

To be up for it expressa vontade, ambição e confiança diante de qualquer desafio ou aventura..

- —We're going trekking this weekend in the Pyrennes. It's a seven-hour trek on Saturday, sleeping in a mountain refuge, then a five-hour walk on Sunday. Are you **up for it**?
  —Wow, sounds great. Can I let you know tomorrow?

HANG ON IN THERE

AGUENTAR A SITUAÇÃO

every (dark) cloud has a silver lining
há males que vêm para o bem

Significa que por trás de uma nuvem negra (*dark cloud*) o sol continua brilhando, já que se intui uma borda prateada (*silver linning*).

- I know it's bad news losing your job like that, but with the cash they're giving you, you could do that Master's that you've been talking about doing for years. You know, **every dark cloud has a silver lining**.

to hang on in there
aguentar
to stick to one's guns
aguentar firme
aguentar o tranco
to weather the storm
enfrentar a tempestade
to step up to the plate
pegar o touro pelos chifres

Quatro maneiras de animar alguém a aguentar firme em situações complicadas. As duas primeiras são usadas, principalmente, no imperativo. A terceira é muito usada no passado. A quarta provém do beisebol: descreve o momento em que o batedor sai para o pentágono e sobe na base (*plate*) para bater na bola que o *pitcher* lançará para ele.

- We've been in situations like this before, and if we're careful and work as a team, we can **weather the storm**.

to take it on the chin
aguentar a situação
suportar um golpe

Esta expressão vem do mundo do boxe e significa encaixar o golpe no queixo (*the chin*). É utilizada para descrever uma atitude estoica diante das críticas.

- You've got to admire her courage. In front of a very hostile press, she **took it** all **on the chin**.

SHIT HAPPENS

DESAFIOS E PROBLEMAS

(to be) in deep water
(estar) cheio (de problemas)
(estar) até aqui (de problemas)

(to be) in deep shit*
(estar) afundado numa merda total

In deep water se refere, literalmente, a estar metido em águas profundas e perigosas. *In deep shit* é uma experiência parecida, mudando apenas o meio em que a pessoa está submersa. Obviamente, a segunda é muito mais vulgar.

- 1) I'm **in deep water**; I promised to help them but I suspect what they're doing is illegal.

  2) We've borrowed more money than we can afford to pay back. We're **in deep shit**.

(to be) in dire straits
(estar em) uma situação desesperada
(estar em) um momento crítico

Esta expressão era dita quando um barco passava por um estreito (*strait*) e corria o risco de se chocar contra as pedras. Com o tempo passou a ser aplicada, em geral, ao perigo de se entrar de forma iminente em uma tempestade. Hoje em dia, é usada em diversos contextos, para descrever situações limite ou momentos críticos. Foi justamente em um desses momentos críticos que Mark Knopfler fundou seu grupo musical.

- They knew their marriage was **in dire straits** and would probably not survive.

to go through a rough patch
estar passando por um mau bocado
estar enfrentando uma fase ruim

Esta expressão é informal e muito comum, podendo ser aplicada a todo tipo de situações, como em português. No contexto do jogo, "uma fase ruim" é expressada como *a losing streak*.

- **I'm going through a rough patch** at present, with the divorce and everything, but I know I have good friends around me who I can phone after midnight.

to hit an obstacle/a rock
deparar-se com um obstáculo
to come unstuck
fracassar
dar-se mal
to suffer a setback
ter um contratempo

A primeira expressão é usada para descrever situações adversas. Em *to come unstuck*, fica claro que a situação é irremediável. A terceira é muito parecida com a expressão em português.

- —We were trying to set up a company together, but **we came unstuck**.
  —What went wrong?

life's not a bowl of cherries
a vida não é um mar de rosas
a vida nem sempre é cor-de-rosa

My momma always used to say that life is like a box of chocolates; you never know what you're gonna get, diz Forrest no filme *Forrest Gump* (1994). A maioria das mães, no entanto, prefere comparar a vida a um mar de rosas.

- The recession that struck the financial sector in the US and then the whole world in 2008 should have made Wall Street realize that **life is not a bowl of cherries**, but only time will tell if the lesson has been learned.

(to be) more trouble than it's worth
não valer a pena

Algo que não é tão interessante a ponto de valer a pena fazer um esforço extra para consegui-lo. Também se diz *not worth the trouble*.

> —Hello, is that the Vesuvio restaurant? I know you're normally closed on Mondays, but if I brought a group of six people, would you open for us next Monday?
> —Six people? Hmm... to be honest, for only six people I think it might be **more trouble than it's worth**.

(it) never rains but it pours
uma desgraça nunca vem só
desgraça pouca é bobagem

Em inglês, existe um léxico muito amplo e variado para descrever os diferentes tipos de chuva. Por exemplo, *pour* é "chover a cântaros".

> —How was the holiday?
> —Great, apart from the fact that our flight was cancelled, we got robbed and my husband got food-poisoning and spent a week vomiting. Oh, and the kids fought all the time.
> —**Never rains but it pours**, eh?

(to be) not for the faint-hearted
(isso) não é para quem tem coração fraco

Esta expressão era utilizada para se referir às aventuras coloniais do século XIX, e ainda resta algo literário e culto nela. Hoje em dia, é utilizada para descrever qualquer situação complicada (como escalar uma montanha) ou avisar alguém sobre o que se aproxima.

> Even if you're into risk sports, this one is definitely **not for the faint-hearted**.

to run into a problem
to run into a snag
topar com dificuldades
dar de cara com um obstáculo

Duas formas de dizer que topamos com dificuldades. Podem ser aplicadas a uma situação ou ideia do passado, presente ou futuro, em uma multiplicidade de contextos.

O We've **run into a problem**; the restaurant you want for the event is fully booked that evening.
They **ran into a snag** when they realized that they would need permission from the European Commission for the project.

to screw something up*
*foder tudo**

Para indicar, de forma muito clara e sem rodeios, que alguém é responsável por uma situação muito ruim. Também existe uma versão intransitiva, *I screwed up* (sem *it*).

O —How did it go with Olivier?
—Bad. I think **I screwed it up**.

(to be) up shit creek*
*estar afundado em merda até o pescoço**
*estar fodido**

É uma expressão muito parecida com *in deep water, in deep shit, in Shit Street* ou *in/on dire straits*. *Creek* significa "riacho", e *shit* é "merda", ou seja, brinca com a ideia de que *shit creek* é o nome de um lugar. Existe uma versão mais longa: *up shit creek without a paddle* (sem remos). É muito informal.

O If you lose your job when you're over 50 years old, you're really **up shit creek**.

shit happens*
acontece...
é a vida...
*merdas acontecem**

Expressão vulgar, porém profundamente filosófica. Voltemos a uma referência anterior, dita por Forrest Gump, quando faz a maratona de costa a costa e ostenta a expressão em sua camiseta, como se fosse um lema de vida.

DESAFIOS E PROBLEMAS

> —My presentation in class didn't go well; I was nervous, and the slides didn't look clear enough. And I'm not going to pass the subject.
> —Oh well, **shit happens**.

in a (right) stew
in a pickle
in a spot
in a jam
in a fix
estar em maus lençóis
estar metido numa confusão
estar numa fria

Stew é um cozido e *pickle* se refere às conservas em vinagre. Supõe-se que nenhum dos dois é um lugar bom para uma pessoa se meter... E tampouco a geleia (*jam*) deve ser um lugar onde alguém se movimente à vontade. As duas primeiras são do inglês britânico e irlandês. O restante são expressões norte-americanas.

> Come on, guys! If we can't even decide who's doing which parts of the presentation, we'll be **in a right stew**. We're going to have to present this on Friday! And it's part of our end-of-course assessment!

a sticky wicket
situação embaraçosa

Expressão do inglês britânico informal, mas que pode ser dita diante de pessoas mais sensíveis e cultas. As regras do críquete são longas de explicar, mas o *wicket* é a parte do campo onde se desenvolve a maior parte do jogo. Para os jogadores é mais difícil jogar se o gramado está pegajoso (*sticky*). É utilizada, portanto, para se referir a qualquer situação embaraçosa ou desagradável. Inclusive as situações mais deploráveis da guerra podem ser descritas com esta expressão.

> —How was the holiday with your wife's family?
> —Bit of **a sticky wicket**, actually. They're all fighting over some inheritance. I was glad to get away.

(to be) in/on Shit Street*
(estar) com merda
até as orelhas*
(estar) fodido*

Estar "na rua da Merda" não é agradável. Esta expressão pode ser construída com *in* ou *on*.

○ My partner's lost his job, and we've got nearly 1,000 euros to pay every month on the house, on my salary alone. If he can't get a job quickly we're **in Shit Street**.

what a cock-up*
balls-up*
uma merda total*
uma bosta*

Duas expressões muito vulgares para descrever um desastre causado pelo homem.

○ —How was the picnic?
—**What a cock-up**! Nobody knew how to find the place and some people didn't get the confirmation email.

what's the snag?
qual é o problema?
where's the catch?
onde está a tramoia?

Tanto *snag* como *catch* fazem referência a um problema (ver *run into a snag*), embora *catch* seja traduzida como "cilada" ou "armadilha". *What's the catch?* é usada quando em uma situação intuímos que há algo escondido.

○ 1) But you said you'd have our order ready for delivery to the client by today. **What's the snag?**

2) So if we just attend this presentation, we get a free weekend in Paris? **Where's the catch?**

FAMOUS LAST WORDS

DESTINO

as chance would have it
quis a sorte que
por pura sorte
por puro acaso

Expressa o acaso, com o qual podemos deparar em um determinado instante. A entonação aumenta de forma clara, preparando o ouvinte para a informação principal. Pode ser colocada tanto no início como no fim da frase.

- **As chance would have it**, we were both in Berlin at the same time.

come rain or (come) shine
chova ou faça sol
aconteça o que acontecer
haja o que houver

Enfatiza a determinação de ir adiante com o que está programado, aconteça o que acontecer. Esta expressão é utilizada em contextos que não têm nada a ver com a meteorologia.

- The Opening Ceremony will go ahead according to plan, **come rain or come shine**.

come what may
aconteça o que acontecer
venha o que vier

Você se lembra daquele pobre escritor, protagonizado pelo ator Ewan MacGregor, que cantava uma longa canção de amor fiel, porém triste, para Nicole Kidman, no filme *Moulin Rouge*? A canção intitula-se *Come what may*. Evidentemente, o coitado sabia que a artista tinha um magnata como pretendente e que, além disso, ela estava morrendo de tuberculose...

- I will always love you, **come what may**.

don't tempt fate
não forçar o destino
don't speak too soon
não falar sem pensar
don't push your luck
não abusar da sorte

Três expressões muito transparentes, bem próximas ao português.

🟠 —I don't think we can lose now!
—**Don't tempt fate**; there's a long way to go yet.

famous last words
até parece! (maneira irônica de mostrar descrença em algo que alguém acaba de afirmar)

A voz do eterno pessimista. Alguém acaba de lhe dizer que as coisas vão de vento em popa e sairão perfeitas, mas ele não compartilha seu otimismo e o expressa com estas três palavras contundentes. Também serve para falar de si mesmo diante de uma situação em que deveria ter mordido a língua.

🟠 1) —Ladies and gentlemen, this is the beginning of a new era, of peace and prosperity.
—**Famous last words**.
—What was that?
—I said: Forever onwards.

2) I promised to myself never to contact her again as long as I lived, but – **famous last words** – after a year I found an excuse, her birthday, to get in touch again.

for better or (for) worse
*nos bons ou nos maus momentos
gostemos ou não*

Expressão famosa da cerimônia matrimonial, mediante a qual o casal se compromete estar junto nos bons (*better*) e nos maus (*worse*) momentos que possam ocorrer. Hoje em dia, utiliza-se também fora do contexto do casamento, principalmente em situações de futuro incerto.

🟠 You married me **for better or worse**, remember?

if push comes to shove
se as coisas se complicarem
em último caso

Expressa a busca de alternativas perante uma situação que aparentemente se complicará.

○ —I think we have enough staff for a wedding of 100 guests, but now they're saying that there might be an extra 50 guests. In that case we'd be short of kitchen hands and waiters. So, **if push comes to shove**, can we count on you for five more waiters?
—Naturally.

it'll be alright on the night
(no fim) tudo vai sair bem
(no fim) vai dar tudo certo

A expressão preferida dos eternos otimistas.

○ —How are the wedding preparations going?
—Well, Almudena's family are fighting about who's going to sit where at the reception, the priest is angry that I'm not a Catholic, and the air-traffic controllers' strike means that most of my family and friends won't be able to get here from Canada. Apart from that, fine.
—Don't worry, **it'll be alright on the night**.

we'll live to regret that
um dia vamos nos arrepender disso
vamos nos arrepender disso pelo resto da vida

Falou a ave de mau agouro. Existe outra versão: *You'll live to regret saying/doing that.*

○ —Please cast your votes now, members....
And the motion is passed, by 49 votes to 40, with 11 abstentions.
—Hmm... I think **we'll live to regret that**.

what goes around, comes around
cada um colhe o que planta
aqui se faz, aqui se paga

Nesta vida, tudo retorna.

○ —Guess who the head of department is in my new job? Someone who I sacked in my previous job.
—**What goes around, comes around**.

NEEDS MUST

NECESSIDADE

(I) could use
não viria mal
não cairia mal

Nesta expressão, *could use* se refere, simplesmente, ao que lhe pede o corpo – por exemplo, *a beer, some sleep*... (uma cerveja, dormir um pouco...). Mas também pode expressar necessidades de outro tipo: um pouco de sorte, uma ducha quente, férias... É uma expressão informal norte-americana, típica dos filmes policiais. Era utilizada por Humphrey Bogart, por exemplo.

- Hey, fella, you look like you **could use** some sleep!

necessity is the mother of invention
a necessidade faz o sapo pular
a necessidade é a mãe da invenção

Se alguém necessita de algo, certamente vai encontrar a maneira de consegui-lo.

- —Camping in the mountains with no electricity, no wifi cover, no mobile cover? Ouch!
  —Well, it meant that we had to invent our own entertainment, and it was fine. You know, **necessity is the mother of invention**.

needs must
a necessidade obriga

Indica que é absolutamente necessário fazer algo.

- —Do we really have to sell the apartment in Vall d'Aran?
  —I'm unemployed now. **Needs must**.

JUST A SECOND

esperar

ESPERAR OU AGIR

to bide one's time
esperar o momento certo
aguardar a hora propícia

Bide é uma palavra que atualmente não se utiliza; significava "esperar". Sobreviveu apenas nesta expressão.

○ The Roman emperor Augustus had an intelligent, ambitious woman for a wife, Livia. She plotted the advancement of her side of the family, but carefully and tactically, **biding her time** with infinite patience, great skill and greater cruelty.

to hang fire
interromper
suspender
pôr um freio

Esta expressão significa literalmente "parar o fogo". Provém do mundo militar.

○ —Tell all the operators **to hang fire** on cold calls to potential new subscribers, for the time being.
—How come?
—We've had another complaint from the Consumer Rights Association.

hang on
espere

Em seu disco *Unplugged*, Eric Clapton diz *Hang on! Hang on!* (embora com um sotaque *cockney*, sem pronunciar o h) cada vez que o grupo começa uma canção antes de ele estar preparado.

○ ... no, the thing is that neither of us... **hang on**, someone's at the door, don't go... Yes? ...

hold it!
hold your horses!
pare!
espere um momento!

Duas formas muito diretas de pedir a alguém que pare ou deixe de fazer algo.

- —Now, if you please sign here, you can have the keys in a few days.
  —**Hold it!** I didn't say we were going to buy.

just a sec(ond)
wait/just a minute
espere um segundo
espere um minuto

No inglês norte-americano se usa mais *wait*, e no britânico, *just*, mas as duas expressões significam o mesmo.

- —Okay, we'll all have dinner together on Saturday night at 10pm. **Just a sec**, did you say Saturday night? You do realise that Real Madrid are playing Barça then, don't you?
  —And is that a problem?

we're going to have to think about that
we're going to have to look into that
vamos pensar nisso
vamos investigar a respeito disso

Para meditar sobre algo, sem pressa.

- —What about the idea of being open seven days a week, to attract more business?
  —**We're going to have to think about that**. It's too soon to decide.

agir

actions speak louder than words
as ações falam mais do que as palavras

Esta expressão defende a ação. O contrário seria *the pen is mightier than the sword*, que defende falar ou escrever antes de agir.

- Look, we've been talking about this for weeks and we've achieved nothing. It's time to act, because **actions speak louder than words**.

devil take the hindmost!
every man for himself
salve-se quem puder
cada um por si

Dois estímulos para salvar a pele sem olhar para trás. Usa-se muito no mundo dos negócios e na política. Surpreendentemente, *every man for himself* resistiu à maré de *political correctness* e ainda não dispõe de uma versão não sexista.

○ Maybe you get points for teamwork at university, but once you're out there in the real world, it's **every man for himself**.

full steam ahead
a todo vapor
a toda velocidade

Expressão informal que provém dos barcos a vapor (*steam* significa "vapor") e indica um movimento ininterrupto para frente.

○ —**Full steam ahead**!
—Yes, captain.
—This is going to be the fastest-ever crossing of the Atlantic, and on the ship's maiden voyage too! I want April 1912 to go down in history; do you hear me?
—Yes, captain. Full speed ahead it is.

to grasp the nettle
pegar o touro pelos chifres
to bite the bullet
fazer das tripas coração

Há uma ligeira diferença entre estas duas expressões: a primeira se refere a ir em frente para lidar com uma situação desagradável (*grasp the nettle* significa, literalmente, "agarrar a urtiga", o que, como todos bem sabem, requer uma boa dose de coragem). *To bite the bullet* significa aceitar uma situação dolorosa ou desagradável e tentar conviver com ela. A origem da expressão está no exército, pois, às vezes, os médicos tinham de operar sem anestesia e davam ao paciente uma bala (*bullet*) para que a mordesse e pudesse enfrentar melhor a situação.

1) Nobody here wants a 5% pay cut, but with the situation the way it is, we have to **grasp the nettle**.

2) Are you going to **bite the bullet** or let someone else take the blame for what you did?

to knuckle down
arregaçar as mangas
to make an effort
fazer um esforço
esforçar-se

Duas expressões para falar de algo que requer um esforço considerável. São construídas da seguinte maneira: *to knuckle down* (+ *something*), *to knuckle down* (+ *and* + verbo), *to make an effort* (+ *to* + verbo).

1) You know you've got your final exams in six months, so if you want to get into university, you'd better **knuckle down** and start studying now.

2) If you don't **make an effort** to get on with the rest of the staff, you won't last long in this job.

let's go for it
vamos lá
vamos em frente
o que estamos esperando?

Expressão informal utilizada no momento de tomar a decisão de agir. A ênfase recai em *go*.

—Look, here's a good offer; 12 days in Sicily for 750 euros!
—Wow! **Let's go for it**!

to meet the/a challenge
enfrentar um desafio
encarar um desafio
to rise to the challenge
estar à altura

Menos descritivas, mas com um significado muito parecido com *to grasp the nettle* e *to bite the bullet*. A diferença é que, neste caso, o desafio a que fazem referência não é obrigatoriamente desagradável.

○ 1) The President promised the nation that the USA would **meet** this **new challenge** head-on.

2) This is the hardest match in the tournament, but our team can surely **rise to the challenge**.

to play it by ear
to take something as it comes
improvisar

To play it by ear vem do mundo da música (literalmente, significa "tocar de ouvido"). Ou seja, falta a partitura e, portanto, é preciso improvisar e seguir a melodia.

○ We don't know what they're going to ask for, so let's just **play it by ear**.

to seize the day
aproveitar o momento

Uma versão mais culta de *let's go for it* ou de *strike while the iron is hot*. Era isto que Robin Williams dizia a seus alunos no filme *Sociedade dos poetas mortos* (1989) para motivá-los e fazer com que aproveitassem o momento: "Carpe, carpe diem, *seize the day boys, make your lives extraordinary*".

○ There's a lot of public and media interest in alternative technologies at the moment. For a company as well-placed as ours in the sector, ladies and gentlemen, it's a case of **seize the day**.

to strike while the iron is hot
aproveitar enquanto é tempo
a ocasião faz o ladrão

Metáfora procedente do universo dos ferreiros (*blacksmiths*): "bater enquanto o ferro está quente". O ferreiro tinha de malhar o ferro enquanto estava quente, porque, depois de esfriar, o metal ficava inflexível. Esta expressão significa, metaforicamente, que se deve aproveitar imediatamente uma oportunidade antes que a situação mude.

O At this time of year, a lot of people are interested in starting new courses or taking up a new activity. Don't wait three months; **strike while the iron is hot**.

FAIR'S FAIR
ÉTICA E CORREÇÃO
ético, correto

above board
kosher
legítimo
em regra
geral

Above board significa "honrado", "sem truques", "legal", exatamente o contrário de *under the table*. A segunda é uma referência aos preceitos da religião judaica, que controla o que os praticantes podem e não podem ingerir. Se algo é *kosher*, pode ser comido. Por extensão, *kosher* é tudo aquilo que é legal, genuíno, verdadeiro etc.

O —Are you sure this deal **is above board**?
It seems too good to be true.
—Oh, it's absolutely **kosher**.

to blow the whistle on somebody
delatar
denunciar às autoridades
pôr fim a uma injustiça

Houve uma época em que a polícia utilizava apitos (*whistles*) para advertir. *To blow the whistle on somebody* tem um sentido de denúncia à autoridade ou à imprensa, informando sobre algum fato irregular (como um escândalo político) para pôr um fim nele. Aquele que faz isso é um *whistle blower*. A ênfase recai em *blow, whistle*, e se dá o nome do meliante.

O She **blew the whistle on** the town mayor, who for years had been profiteering from the sale of land for development.

to do/to play something by the book
cumprir algo com todo o rigor
seguir as regras
ater-se às normas

Esta expressão serve para indicar que serão respeitados os protocolos, as leis, o estabelecido; que se vai agir segundo as normas.

○ Let's **play** this **by the book**. If we want to sign a player under contract, we have to approach his club first and ask if we can talk to him. We want to avoid what happened to Chelsea.

to do the right thing
fazer a coisa certa
fazer as coisas como Deus manda

Utiliza-se como conselho ou advertência. Também é o título de um filme de Spike Lee, de 1989. Ambientado em um dos bairros mais humildes do Brooklyn, narra uma história de preconceitos e tensões intercomunitárias exacerbadas ao longo de um caloroso dia de verão.

○ I heard the shouts from next door, and I was sure he was beating her again, so I decided I had **to do the right thing** and phone the police.

fair's fair
certo é certo
é justo

Diante de uma situação em que a tentação de não admitir que se está equivocado é grande, diz-se *fair's fair* para ceder a um impulso repentino de fazer a coisa certa.

○ Okay, okay, okay, **fair's fair**. I know I was wrong not to ask you first before going ahead and doing it, I'm sorry, but I still think it was the right decision.

ÉTICA E CORREÇÃO

sem se envolver

see no evil, hear no evil, speak no evil
ver, ouvir e calar
em boca fechada não entra mosquito

Esta expressão significa que é melhor evitar que más notícias sejam divulgadas ou, ainda, que se deve ignorar o mal que ocorre ao nosso redor.

- When the prime minister visits countries that have a poor human rights record on a trade mission, it's usually a case of **see no evil, hear no evil, speak no evil**.

não ético, incorreto

below the belt
golpe baixo

Diz respeito a uma traição, a uma ação mal-intencionada. Originou-se no mundo do boxe, em que golpear abaixo da linha da cintura (*belt*) é proibido. Hoje em dia é utilizada para referir-se a qualquer golpe baixo, principalmente verbal.

- —It seems that he told his rival candidate that some information about his past had come to light, and that it would be embarrassing for the other candidate if that information got into the media.
  —That was a bit **below the belt**, wasn't it?

scot-free
sair impune

Scot-free não tem nada a ver com a Escócia. Desde o século XIII até início do XIX, um *sceat* (que depois se chamaria *scot*) era um imposto que os membros da classe média pagavam e que lhes dava a possibilidade de votar ou, inclusive, de serem membros do Parlamento (só os homens, é claro). Se alguém saía de algo *scot-free*, significava, literalmente que não havia pago esse imposto, mas atualmente significa que, se não o flagrarem, não podem castigá-lo. Forma-se com *to get off* e com *to get away with something*.

- —You're telling me he stole 25 million Euros from a charitable cultural institution, and he's not even doing to prison? Will he **get off scot-free**?
  —Depends on his lawyer.

to turn a blind eye
fazer vista grossa

Significa fazer com que alguém não veja uma coisa ou um comportamento que sabe que é incorreto ou, pelo menos, censurável.

- It seems that for years some other politicians and bureaucrats in the City Council were aware that the Mayor was making money out of land redevelopments and construction projects, but **they turned a blind eye** to it.

to stab someone in the back
apunhalar pelas costas

Expressão muito descritiva e idêntica à sua equivalente em português.

○ But I don't want to leave my own house and go and live in some geriatric home! This is a fine thing; to have my own children **stab me in the back** like this! All those years I looked after you three!

under the table
por baixo do pano
no questions asked
sem mais explicações
com absoluta discrição
fishy
suspeito

Under the table significa resolver um assunto de maneira clandestina, sem notas fiscais, sem impostos. Na verdade, a imagem de se realizar uma troca de papéis por "debaixo da mesa", para que ninguém veja, fala por si só. É o contrário de *above board*. O significado de *no questions asked* é bastante claro (e as duas partes estão de acordo).

○ —I think I can help you out, but it's going to be $50,000, **under the table**. Are you okay with that?
—It sounds a bit **fishy** to me, but... okay then.

IT'S NOT MY CUP OF TEA

GOSTOS PESSOAIS

eu gosto

hooked on
viciado

I just can't get enough (of something)
não me canso (de algo)

As duas expressões indicam um vício em algo, mas em uma coisa boa. Assim como a canção da imperatriz do blues, Bessie Smith (1894-1937), que cantava *I can't get enough of that thing* quando o blues era malvisto pelos brancos devido à sua vulgaridade.

O Honey, **I just can't get enough of** your love.

out of this world
incrível
fantástico

state-of-the-art
último modelo
de vanguarda

cutting edge
de ponta
moderno
atualizado

as good as it gets
melhor impossível

a hard/tough act to follow
algo difícil de se alcançar
deixar o patamar bem alto

Cinco maneiras de descrever algo que se sobressai. Certamente, uma pessoa pode ser *out of this world*, mas não *state-of-the-art* nem *cutting edge*, salvo em um aspecto profissional, como, por exemplo, *a cutting-edge designer*. *A hard act to follow* começou a aparecer no mundo do espetáculo para se referir ao fato de que ninguém queria voltar ao palco depois de uma grande atuação. Também pode ser usada para falar de alguém com quem não gostaríamos de competir.

O —Are you going out with anyone now?
—Not really.
—You're **a hard act to follow**, you know.

(this place) rocks!
(este lugar) é incrível

Expressão muito atual que se refere a um lugar, uma pessoa, uma atuação etc. excepcional.

> Get over here as soon as you can!
> **This place rocks**!

the bee's knees
o máximo
the dog's bollocks*
foda*

Expressões informais para se referir a algo que é "o máximo". *The bee's knees* nasceu nos Estados Unidos, mas seu uso está muito ampliado. *The dogs bollocks* significa literalmente "os colhões do cachorro" e é usada no inglês britânico. Supõe-se que vem do fato de os testículos de um cão sobressaírem muito, mas vai saber...

> —Where do you get all the ingredients for this dish?
> —At a Chinese supermarket near the port. They have everything.
> —Hmm... sounds like **the bee's knees**.

(to be) really into something
ser fanático por algo

Expressão que surgiu na década de 1970 para falar de inclinações, paixões ou de algo que uma pessoa segue intensamente. Hoje, é usada para expressar que uma pessoa gosta de algo de uma maneira pontual.

> —What were you into when you were 20 years old?
> —**I was really into** Hinduism and Bob Dylan above all.

the real McCoy
autêntico
genuíno

Algo que é autêntico e genuíno, não uma cópia. O nome vem de Kid McCoy, um boxeador norte-americano que queria se diferenciar de outro pugilista cujo sobrenome era igual ao seu.

> —Are those jeans **the real McCoy**?
> —I got them in a street market in Thailand, so I suppose not.

nem cheira nem fede

as good as it gets
poderia ser melhor
tem suas limitações
mais ou menos

É usado para algo excelente (ver também *as good as new*) e para algo medíocre, como que dizendo "e o que você esperava?".

- —I'd like you to listen to this recording my band made. Tell me what you think, honestly. (...)
  —Well, Carlos, is that **as good as it gets**?
  —I didn't want you to be quite that honest!

I don't mind
para mim tanto faz

Forma cortês de experssar que qualquer opção oferecida vai bem.

- —Beer or wine?
  —**I don't mind**.

it makes no difference
não faz diferença
dá no mesmo

Forma padrão para expressar que qualquer uma das opções oferecidas são boas ou não afetarão determinado resultado.

- —Which is the quickest road to get to IKEA?
  —**It makes no difference**; they both come out to the same place.

(to be) much of a muchness
mais ou menos a mesma coisa
six of one, half a dozen of the other
é trocar seis por meia dúzia
swings and roundabouts
o que se perde por um lado,
ganha-se pelo outro
tudo tem seu lado
positivo e negativo

Três formas idiomáticas para expressar que, diante das opções oferecidas, o resultado final será o mesmo. A terceira é curiosa.

- —Which of those wines did you like the most?
  —They were **much of a muchness**, actually. Both okay without being anything special.

GOSTOS PESSOAIS

run-of-the-mill
*normal, comum
nada extraordinário*

The run se refere ao produto que saía moído diretamente do moinho, antes de ser separado por sua qualidade. Ou seja, um produto normal, comum. (Ver *bog standard*.)

- It's a **run-of-the-mill** comedy about two strangers who detest each other at the start of the film, but by the end they've fallen in love.

não gosto

(a bit of a) bummer
uma droga

Expressão da gíria *hippy* dos anos 1960 que se aplica a qualquer situação desagradável. É bastante informal.

- —I'm gonna have more free time from now on.
  —Why? You haven't lost your job, have you?
  —Yeah, last Friday. Four of us were told we needn't come on Monday. Just like that!
  —That's **a bit of a bummer**, eh?

I wouldn't touch it with a barge pole
eu não queria isso nem de graça

Barge é uma barca grande para transportar pessoas ou coisas por um rio, e *pole* é a vara que dirige o barco. Pois bem, nem assim eu iria querer o que me dão.

- —I think Tom really likes you.
  —But **I wouldn't touch him with a barge pole**.

(it's) not my cup of tea
*não é o que eu mais gosto
não faz muito o meu gênero*

Sempre com o *not* na frente, esta é uma forma clara, mas delicada, de dizer que algo não combina com uma pessoa. Não se pode substituir *tea* por outra bebida.

- —What do you think of Tarantino as a director?
- —Hmmm... **not my cup of tea**.

not my idea of...
not much of a...
não é exatamente a minha ideia de...
não é muito do meu gosto...

É construído com *it is/was* + *not my idea of* + (algo bom), ou *it is/was* + *not much of a/an* + (algo bom).

- It **wasn't much of a** media event; almost nobody was there.

one man's meat is another man's poison
gosto não se discute
o que seria do verde se todos gostassem do amarelo?

Provém do latim e é utilizado no inglês escrito desde o século XVI. *Meat* se referia a qualquer tipo de comida ou alimento, não necessariamente "carne".

- I don't know how today's kids can drink those blends of coke, cheap wine and spirits, but you know, **one man's meat is another man's poison**.

pet hate
bug bear
o que mais detesto
o que mais me irrita

Usa-se para coisas cotidianas que carecem de importância. No inglês norte-americano, diz-se *pet peeve*.

- —What's your **pet hate**?
- —People leaving the cap off the toothpaste tube.

what a drag!
que droga!

Quem se lembra da canção dos Rolling Stones "Mother's little helper" em que se diz *What a drag it is getting old?* Pois é, que droga é ficar velho.

- —Why isn't the air-conditioning on?
- —It's not working today.
- —**What a drag**!

EASY COME, EASY GO

IMPORTANTE OU NÃO

importante

(to be) key
(ser) fundamental
the key question/issue
o "x" da questão
a questão/o assunto/
o fator principal

Adjetivo e substantivo, *key* (chave) é uma palavra concisa utilizada em diversos contextos.

○ For people's perceptions of politicians, the role of the media is **key**.

(to be) of the utmost important
(ser) de suma importância
(ser) da maior importância
(to be) absolutely vital
(ser) indispensável
(ser) essencial
(ser) vital

Duas expressões muito usadas no trabalho. Por seu significado, parecem ser empregadas em momentos de perigo extremo, mas, na verdade, servem para qualquer situação. Fazem parte do inglês padrão.

○ It's **absolutely vital** to have this information in the system by the first working day of every month.

(to be) not negotiable
não é negociável
(to be) not open to debate
(ser) indiscutível
não estar aberto a discussão

Duas expressões muito utilizadas em política, em negociações e, inclusive, em algumas cenas domésticas. Seu registro é inglês padrão.

○ —And the question of full independence?
—I'm afraid that's **not negotiable**.

menos importante

don't sweat the small stuff
não ficar agoniado por tão pouco
não se angustiar pelos detalhes

Expressão que estimula a ter claras as prioridades e não perder tempo com coisas pequenas (*small stuff*).

○ —But what if not everyone is there on time?
—Hey, come on! **Don't sweat the small stuff**.

to make a mountain out of a molehill
fazer tempestade em copo d'agua

É uma locução para exagerar. Mostra-se algo como se fosse muito sério, quando não o é. *Molehill* é o "montinho da toupeira".

○ —Sometimes these people almost want to be offended; the smallest comment about articles of their religion gets them crying for blood.
—I agree, **making a mountain out of a molehill** seems to be their speciality.

(to be) neither here nor there
(isso) não vem ao caso
(isso) não interessa

Diz-se quando o que acabam de dizer não tem nada a ver com o que se discute.

○ —I couldn't find where you put the most recent gas bills.
—That's **neither here nor there**. The problem is with the telephone bill, not the gas.

no fuss
fique tranquilo
não complique as coisas

Expressão informal para indicar que uma pessoa não precisa de muita coisa; conforma-se com pouco.

○ —Maybe you'd like a beer, or some wine, or I could make some coffee.
—**No fuss**, really. Just a glass of water will do me fine.

IMPORTANTE OU NÃO

(to be) not bothered either way
tanto faz
para mim dá no mesmo

Expressão que indica que não temos nenhuma preferência diante das opções que nos são apresentadas. Não é mal-educada; é simplesmente informal.

○ —Darling, would you like to sit by the window?
—I'm **not bothered either way**.

(to be/to have) nothing to do with it
não ter nada a ver

Utiliza-se para dizer que algo é irrelevante, que não tem nada a ver com o caso.

○ —Every time your sister phones, we have problems with the Internet connection afterwards.
—The fact that it's my sister who's phoning has **nothing to do with it**.

on the back burner
deixar algo para mais tarde
passar uma coisa para segundo plano
adiar uma ideia

Para entender a origem desta expressão, é preciso se imaginar em uma cozinha com fogão a gás (*burners*). Sempre há um bico menor que serve para manter algo em fogo baixo, para cozinhar devagar ou manter algo quente; costuma ser um dos bicos de trás (*back*). Assim, se algo está *on the back burner*, é que não vai ser usado ou discutido agora, e sim mais tarde.

○ —What happened to your idea to go to South America for three years then?
—Well, it's still **on the back burner**. You know, not just yet.

what's that (got) to do with it?
o que isso tem a ver?

Para perguntar ou afirmar se uma coisa vem ou não ao caso. Segundo as palavras imortais da canção de Tina Turner, "o que tem o amor a ver com isso?".

> It's only the thrill of boy meeting girl / opposites attract / it's physical / it's logical / you must try to ignore that it means more than that / Oh oh **What's love got to do with it?** / What's love but a second-hand emotion? / Who needs a heart when a heart can be broken?

sem importância

(I) can't be bothered (to do something)
não estou com vontade
não estou a fim

(I) can't be arsed (to do something)*
*não estou com tesão para fazer isto**

Formas informais (principalmente a segunda) para expressar que não lhe apetece fazer algo porque não lhe parece interessante.

> —I see that you **couldn't be bothered** to take your things back to the kitchen after you'd had dinner.
> —Leave me alone.

(I) couldn't care less
não me importa nem um pouco

Nos Estados Unidos, costuma se dizer *I could care less*, que aparentemente significa o contrário, mas tem o mesmo significado.

> —But what will the neighbours think?
> —**I couldn't care less** what the neighbours think!

(I) don't give a damn
não dou a mínima

Anos atrás, *damn* era considerada uma palavra forte. Hoje tampouco seria utilizada em uma conversa mais séria, mas... quem não se lembra desta frase do filme ... *E o vento levou* (1939), no grande momento final, quando

Rhett Butler já não suporta mais os caprichos de Scarlett O'Hara e lhe diz antes de abandoná-la:

O —But Rhett...!
—Frankly, my dear, **I don't give a damn**!

(I) don't give a toss
(I) don't give a (flying) fuck*
não estou nem aí
estou cagando para isso*

São usados também com *can't/couldn't* em vez de *don't*. São expressões muito coloquiais e convém usá-las em situações em que os ânimos já estão muito exaltados. Aqui, *flying* não admite muita análise: simplesmente é descritivo e enfático, e começa com "f".

O —But what will the neighbours think?
—I **don't give a toss** what the neighbours think!

easy come, easy go
como vem, vai
o que vem fácil, vai fácil

Atitude despreocupada quando se refere a dinheiro. Ou não lhe dá grande importância ou o tem de sobra. Faz parte do estribilho da canção do Queen, "Bohemian Rhapsody".

O —Like you, I'm finding it almost impossible to save money these days, and...
—Hey, it's only money! **Easy come, easy go**!

(there's) no point
pointless
useless
no use
não serve de nada
não tem sentido
não vale a pena

Para descrever algo que não tem importância ou sentido. Pode-se usar como está ou com um gerúndio depois: *(there is/was)* + *no point* (+ verbo em *–ing*).

O Look, **there's no point** waiting; they're not going to come now.

(to be) not a big deal
(to be) no big deal
não é para tanto
não é para fazer drama

Duas versões da mesma expressão que é usada para tirar a importância de algo. É informal. A primeira é um pouco mais britânica, e a segunda, mais norte-americana.

- —... and he arrived 10 minutes late for our first date!
  —Come on, that's **no big deal**; it's a date, not a NASA launch.

(to be) not worth the fuss
(to be) not worth the bother
não vale a pena

Bother é "incômodo" e *fuss*, "alvoroço". Algo é tão insignificante que realmente não vale a pena fazer um esforço para consegui-lo.

- 1) I wanted to make an official complaint about the guide, who didn't seem to know very much about the Masai Mara or the Serengeti, but my husband said it was **not worth the fuss**.

  2) In the bazaar the tourists who wanted to spend 750 Euros on a kilim got treated well, the ones that wanted to buy flippers... well, it seemed we were hardly **worth the bother**.

(a) storm in a teacup
(a) tempest in a teapot
uma tempestade em copo d'água

As xícaras de chá não são muito maiores do que a xícara de café com leite. Por isso, qualquer movimento do líquido dentro da xícara não terá consequências importantes. Definitivamente, trata-se de exagerar um problema. A primeira é do inglês britânico e a segunda é a versão norte-americana.

- Should Muslim women be banned from wearing the burka in public places in this country? Is it a question of equality of rights, a question of cultural adaptation or just **a storm in a teacup**? Tonight, we ask...

OUT ON THE TOWN

FESTEJANDO

(to be) a wallflower
ficar de escanteio
ser a feia do baile

all dressed up and nowhere to go
ficar plantado esperando alguém
levar um bolo
tomar chá de cadeira

Wallflower é um goiveiro amarelo, essa flor que enfeita os muros, mas que ninguém vê. Imagine uma garota no baile do colégio que ninguém tira para dançar (também pode se aplicar aos garotos). A segunda expressão é parecida; desta vez, o infeliz fica em casa todo arrumado, esperando um telefonema ou um convite que não chega.

- 1) Look at her now! She's the most popular girl in town and when she was 17 she was **a** complete **wallflower**!

- 2) —What are you doing at home on a Saturday night? **All dressed up and nowhere to go**?
  —No! I'm just waiting for some friends to call!
  —Oops! Sorry I spoke.

(to be) as high as a kite
estar pirado
estar totalmente fora do ar

Surpreender alguém sob o efeito de qualquer tipo de droga ou substância química, incluindo o álcool. A sensação é que você voa tão alto como se fosse um cometa (*a kite*). Obviamente, é uma expressão muito informal.

- No use talking to Tony until tomorrow, he's **as high as a kite**.

as sober as a judge
estar perfeitamente sóbrio

Apesar de alguns juízes deixarem pessoas perigosas na rua, segundo a sabedoria popular uma característica essencial de um juiz é que ele está sempre sóbrio (*sober*). É uma expressão utilizada quando existe a dúvida razoável de que a pessoa em questão exagerou na bebida.

- —How much had you drunk before you saw this object in the sky?
  —I'd had a couple of drinks, to be sure, but I promise you, I was **as sober as a judge**.

binge drinking
to go on a binge
beber até cair
embriagar-se

Duas expressões para se referir ao consumo excessivo de álcool, como o que acontece nas *stag parties* (despedidas de solteiro) e nas *hen parties* (despedidas de solteira). *Binge* é um termo que se aplica a atitudes compulsivas: *a shopping binge* significa "gastar como louco".

- **Binge drinking** is still on the increase, according to a new Department of Health report today, and what is particularly worrying is that younger and younger adolescents are affected by it.

to drink like a fish
beber como um gambá

Expressão muito britânica, que supõe que os peixes bebem muito. Não é necessariamente crítica; pode ser um aviso de que se alguém convidar esta pessoa para ir à sua casa, deve antes se abastecer de todo tipo de bebidas, só para prevenir.

- —There will be four of us for dinner, you, me, Peter and Marc, so I suppose one bottle of wine will be enough, don't you think?
  —Three bottles at least, I would say. Peter **drinks like a fish**, remember.

to have a ball
to have a blast/riot
divertir-se à beça
divertir-se para valer

Ball é, literalmente, "uma noite de baile formal", *blast* é "farra" e *riot*, "alvoroço, orgia". A expressão significa se divertir muito, principalmente quando a pessoa está de férias.

○ —Hey, Kathy, why don't you come over and join us? We're at Club 365. We're **having a ball**!
—Do you know what time it is?
—No. Does it matter?

to have a whale of a time
estar se esbaldando

Como não há nada maior que uma baleia no mundo natural, *having a whale of a time* é o cúmulo da diversão. Usa-se principalmente no *present continuous* para indicar algo que está acontecendo neste momento, embora seja possível, é claro, ser usado em todos os tempos verbais. Usa-se, às vezes, com um sentido irônico.

○ —How was the sales conference in Budapest last week?
—Tremendous! We **had a whale of a time**!
—Hmmm... you weren't supposed to enjoy it quite that much.

to hook up (with somebody)
ficar

Expressão muito atual que significa ficar ou sair com alguém ou com um grupo de pessoas. Entretanto, também se usa com o sentido de se envolver ou também de fazer sexo.

○ —Hey, why don't we **hook up** later on tonight?
—Cool.

let one's hair down
soltar-se

Vem da época em que as garotas usavam o cabelo preso, em vez de solto caído nos ombros. Indica uma atitude desinibida.

- Too much work or too much study; I don't know what it is with you, honey, but you sure need to **let your hair down**.

off one's face
bebum*
totalmente fora do ar
fora de esquadro
off one's head
estar pirado
estar fora do juízo

Duas expressões informais para descrever os efeitos do álcool ou de outras substâncias. A segunda pode ser usada também para descrever atitudes não muito ajuizadas.

- —God, I feel awful today. I think I perhaps had too much to drink yesterday. I can't remember a thing after about 10pm.
  —You were completely **off your face**, Cris.

out on the town
on the razzle
farreando
festejando

Expressões mais positivas para as farras noturnas pela cidade, incluindo um consumo significativo de álcool. A primeira é internacional; a segunda é do inglês britânico.

- —I phoned you three times last night. I suppose you were **out on the town**.
  —Actually, I was doing a Buddhist retreat.

to paint the town red
pintar o sete
divertir-se muito
arrasar

Expressão utilizada, principalmente, pelas pessoas com mais de 50 anos.

- It's our 40th wedding anniversary and we're going **to paint the town red**! Don't you wish you could join us?

FESTEJANDO

the life and soul of the party
ser a alma da festa
ser a alegria da festa
ser o rei do pedaço

Define uma pessoa alegre e que sempre faz comentários divertidos, brincadeiras etc., não necessariamente em uma festa. Costuma ser uma observação positiva, embora também seja empregada no plano irônico, para descrever alguém que é exatamente o contrário.

- —Your friend Sue really is **the life and soul of the party**, isn't she?
  —Just you wait till she's had a bit more to drink!

under the influence
sob os efeitos do álcool

Típica expressão policial para descrever que alguém está sob os efeitos do álcool ou de outras substâncias. Em inglês, quando se diz *under the influence* já se subentende o resto. No inglês norte-americano é muito habitual dizer *DUI* (*driving under the influence*), "dirigir embriagado".

- —Did you hear that Peter lost his licence for six months for driving **under the influence**?
  —Well, that was a bit silly of him!
  —Yeah, they stopped him on the bridge because he was driving so strangely, but then again, Peter drives strangely when he's sober.

wine, women and song
jogo, mulheres e bebida

Expressão parecida a *on the razzle*, porém mais sexista.

- In the late 60s and early 70s, Manchester United had a brilliant footballer from Northern Ireland called George Best. As a young man he was talented, charismatic and good-looking, and he became a millionaire, but the excesses of his private life cut his sporting career short. Many years later, when he was poor and an alcoholic, he was asked where all his money had gone. "I spent a lot of it on **wine, women and song**; and the rest of it I wasted", was his reply.

IN THE PUBLIC EYE

PÚBLICO OU PRIVADO

público

an open secret
(the) worst-kept secret
segredo revelado
vox populi

An open secret é um segredo que se tornou público ou que muita gente conhece. A segunda expressão é a versão superlativa de a *badly-kept secret* (um segredo mal guardado). Ver também o verbete *the best-kept secret*.

- 1) It was **an open secret** that the politicians wanted a 3% cash sweetener on any major new public works project.

  2) At that time, the fact that the king had a lover was **the worst-kept secret** in the nation.

to go public
tornar (algo) público
revelar algo à imprensa

Tornar pública uma notícia que até então havia sido encoberta, um segredo ou algo privado.

- One of the candidates for mayor of the city **has gone public** and declared that he is gay.

in the public eye
aos olhos do público
in the limelight
o centro das atenções
na boca de todos

A primeira expressão está clara: algo que todo mundo sabe e de que todos falam. A segunda faz menção à luz esverdeada das câmeras dos jornalistas de quase um século atrás (*lime* quer dizer "limão").

- —Did you read about Paris Hilton and that drugs thing the other day?
  —Always **in the limelight**, is she?

to let the cat out of the bag
dar com a língua nos dentes

Em inglês, não se dá com a língua nos dentes, mas se deixa o gato sair da bolsa. Enfim...

○ Shit; it was supposed to be a surprise party! Who **let the cat out of the bag**?

to spill the beans
dedurar
dar com a língua nos dentes

Derramar (*spill*) o feijão (*beans*) é o que fazem os ingleses quando revelam, de propósito ou não, um segredo.

○ —The managers were discussing ways to reduce the administration staff by 50%, but someone **spilt the beans**. Do you know who?
—Err... not really, no, but I can tell you when the workers found out, there was almost a revolution. They're already terribly understaffed.

when the shit hits the fan*
*jogar merda no ventilador**

Expressão descritiva: quando a merda entra em contato com o ventilador (*fan*), imagine só! É usada para descrever qualquer situação que se agrava com a revelação de fatos censuráveis ou escandalosos.

○ I wouldn't like to be in his place **when the shit hits the fan**.

privado

(to be/to have) a hidden agenda
ter intenções ocultas

Obviamente, não se refere a uma agenda escondida em algum canto da casa, e sim a ter intenções ocultas.

- A lot of people are wondering about the government's recent comments on universities, and if there is **a hidden agenda** to cut research funding.

a word in your ear
a word to the wise
for your ears/eyes only
falar em particular
fazer uma confidência

Três expressões que servem para introduzir que aquilo que você vai escutar é apenas, e exclusivamente, para seus ouvidos. A segunda pode significar também "para bom entendedor...".

- **A word in your ear**; there's someone around here who's saying very unpleasant things about you behind your back.

(the) best-kept secret
segredo guardado a sete chaves

É a expressão superlativa de *well-kept secret* (um segredo bem guardado). Ver também *the worst-kept secret*.

- At that time, the name of the king's lover was **the best-kept secret** in the nation.

don't let on
não diga nada
não espalhe
não conte a ninguém
não saia falando isso por aí

Serve para pedir discrição ao interlocutor.

- —Were you out drinking with Dave last night?
  —I was, but **don't let on**, will you? To his wife, I mean. He told her he wouldn't drink for three months.

just an informal chat
isto fica só entre nós

Costumamos dizer isso antes, durante ou depois de uma conversa informal, para garantir que o que foi dito não vai sair de quatro paredes.

- —Perhaps we could talk tomorrow afternoon at about five. **Just an informal chat**, you know.
  —Oh, yes, of course.

to keep it zipped
manter o bico calado
não diga uma palavra
to save it for a rainy day
um dia isso lhe
será útil

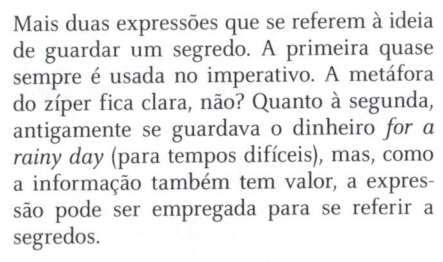

Mais duas expressões que se referem à ideia de guardar um segredo. A primeira quase sempre é usada no imperativo. A metáfora do zíper fica clara, não? Quanto à segunda, antigamente se guardava o dinheiro *for a rainy day* (para tempos difíceis), mas, como a informação também tem valor, a expressão pode ser empregada para se referir a segredos.

○ Now, I'm not supposed to know that information, so **keep it zipped**, okay?

to keep something under your hat
não dizer uma palavra para ninguém
não dar um pio

Também é possível dizer *to keep something to yourself*.

○ —Did she really do that?
—Look, I can't really say.
—Come on! You can tell me!
—Okay, but **keep** this **under your hat**, right?

(that's) none of business
isso não é da sua conta
não lhe interessa
mind your own business
não se meta onde não é chamado
cuide da sua própria vida

Duas maneiras de expressar a mesma ideia. Dependendo da intenção, são utilizados tons diferentes. Pode ser dita em tom de humor ou em tom sério, para deixar o interlocutor de fora.

○ —Who's that SMS from?
—**None of your business**.

off the record
isto é confidencial
between you and me
isto fica só entre nós dois
mum's the word
nem uma palavra disto com ninguém

As duas primeiras são usadas para introduzir o segredo em questão. A terceira se diz depois de revelar a informação reservada. *Mum's the word* aparece na segunda parte da obra Henrique VI, de Shakespeare, datada de 1592. *Mum,* aqui, não significa mãe, mas se refere ao som *mmm*, ou seja, manter a boca fechada.

- —Can you tell me where you got that information, **off the record**, you know?
- —Well I really shouldn't, but **between you and me**, it was your sister-in-law.

play (your) cards close to (your) chest
não mostrar as cartas
ser cauteloso

Pense em uma cena de pôquer de um filme norte-americano em preto e branco, um maço de dólares sobre a mesa e ninguém confiando em ninguém. Um bom jogador deve manter as cartas junto ao peito. Como no filme *Golpe de mestre* (1973), em que Paul Newman mantém as cartas grudadas ao peito porque há um valentão bem atrás dele, mancomunado com seu oponente no jogo, que espera uma oportunidade para ver as cartas e comunicá-las ao seu chefe. Hoje em dia, esta expressão é usada para qualquer situação que requer muita discrição.

- —What do you think of Simon?
- —Well, he **plays** his **cards close to** his **chest**, doesn't he?

skeletons in the cupboard/closet
segredos de família
roupa suja

Em inglês, a roupa suja, os segredos obscuros do passado que se quer ocultar são esqueletos (*skeletons*), e, para que as pessoas não os descubram, são guardados em um armário (*closet*).

- Senator Edward Kennedy never ran for president of the United States, largely because of some **skeletons in his cupboard**, which included the Chappaquidick incident, in 1969. A young woman, Mary Jo Kopechne, died in unclear circumstances in an accident that happened when the senator was driving her home late one night from a party. It later emerged that the senator failed to notify the police until the next day.

the walls have ears
as paredes têm ouvidos

É uma expressão bastante habitual e muito parecida com sua equivalente em português, que convida o interlocutor a ficar em silêncio. Imagine o típico adolescente falando pelo telefone da sala de jantar de casa, com os pais atentos a cada frase, ou ainda as conversas privadas e não muito inocentes nos escritórios abertos de uma empresa.

- —Did she really do that? My God, then what happened?
  —Look, I can't really say any more just now; **the walls have ears**.

to tip the wink
to tip the nod
colocar de sobreaviso
dar uma dica

Wink é "piscar o olho" e *nod* é o gesto que se faz com uma inclinação da cabeça, para cumprimentar alguém ou expressar cumplicidade. São usadas quando queremos dar uma informação a alguém de forma confidencial.

- —That's a very interesting piece of information, Lou. I wonder who **tipped** you **the wink**.
  —That's not something I'm able to divulge.

to wash one's dirty linen in public
roupa suja se lava em casa

Dito popular que milita contra o escândalo público, ou pelo menos contra as cenas desagradáveis em público... Quase literal em português, porém, mais do que "trapos", refere-se à roupa suja da casa.

- —I'm going to expose her for the liar and hypocrite that she is.
  —Well, my advice would be not **to wash your dirty linen in public**. It won't do either of you any good.

RUMOUR HAS IT

RUMORES E FOFOCAS

a (hot) tip
uma dica
a tip-off
uma pista

A hot tip vem do mundo das apostas de cavalos e galgos. Usa-se com verbos como *give*, *hear* ou *pass on*. A segunda é mais usada pelos meios de comunicação e pela polícia.

○ 1) We found out about it when one of our reporters received **a hot tip** that a famous singer was about to be arrested for tax dodging.

2) Police acting on **a tip-off** today seized a large quantity of cocaine, arms, and cash near the port, and arrested five people.

a little bird told me (that)
um passarinho me contou que
rumour has it (that)
corre o boato de que
está-se falando que

Duas expressões muito habituais que servem para soltar uma informação que muita gente ainda não sabe. Criam um suspense dramático e um sentido de cumplicidade.

○ —**Rumour has it that** you were looking for a new job.
—I might be; why?
—Well, **a little bird told me that** they're going to create a new post in the Design department.

to drop a hint
dar uma indireta
to take a hint
captar uma indireta

Pode-se usar *hint*, "indireta", como verbo, com o mesmo significado, porém é mais comum com *drop*, "deixar cair". Quando uma pessoa já está inteirada do assunto, usa-se *to take a hint*.

○ —She **dropped a hint** that she was interested in him, but he didn't take it.
—Ha! Men!

IT RINGS A BELL

saber

SABER OU NÃO SABER

(it) rings a bell
não me é estranho
parece-me conhecido
sugere-me algo
lembra-me algo

Expressão que sugere ao interlocutor algo que não lhe é estranho ou que o faz se lembrar de algo. O nome ou o pronome são colocados antes de *ring/rings a bell*.

- —Do you happen to know someone called Nikos Kazantzakis?
  —No, but the name **rings a bell**.

I (can) see where you're coming from
estou entendendo o que você quer dizer com isso

Esta expressão é utilizada para deixar claro que se entende o que há por trás dos comentários de alguém ou o que o faz dizer o que disse. É uma expressão moderna, informal e muito frequente. Quase sempre é dita no afirmativo.

- —Would you vote for someone who is trying to destroy the institution of the family as the foundation of our society?
  —Ah, **I can see where you're coming from**.

tell me about it
diga-me algo que eu não sei
como você é esperto!

Expressão muito irônica. A ênfase é colocada no verbo *tell*.

- —I think this is going to be more complex than we thought.
  —**Tell me about it**.

não saber

no idea
não faço ideia
não tenho a menor ideia
search me
eu é que vou saber?
é a mim que você pergunta?

Duas maneiras de expressar a mesma ideia: deixar claro que não se tem conhecimento de algo e que não há nenhuma intenção de ter. A segunda expressão é mais informal.

- —Does anyone know where Jonathan is?
  —**No idea.**

off the cuff
de improviso
dito sem pensar
off the top of my head
até onde eu me lembro
se não me falha a memória
don't quote me
não tenho muita certeza

A primeira locução descreve opiniões expressadas de forma improvisada, como se tivessem anotado no punho (*cuff*). *Off the top of my head* é parecida, e, inclusive, mais frequente. A terceira indica que a pessoa não quer ser citada como fonte (*to quote*, "citar"), coisa que não oferece nenhuma garantia acerca de sua veracidade.

- —How much do you think he earns?
  —**Off the top of my head**, I'd say maybe around 35,000 a year.

the jury's still out (on that one)
ainda não houve um posicionamento
ainda não se expôs uma opinião a respeito
ainda não se tomou uma decisão

Nos países de língua inglesa há uma longa tradição de júris populares. Se o jurado está fora (*out*) é porque ainda está estudando as provas e não deu seu veredito. Usamos esta expressão para nos referir a um tema sobre o qual ainda não temos opinião formada ou ainda não tomamos uma decisão final.

- **The jury is still out on** what caused the extinction of this species, but climate change leading to massive destruction of habitat is considered the most likely option.

FINGERS CROSSED

SORTE

boa sorte

as luck would have it
quis o destino que
quis a sorte que

Trata de que o destino deu de cara conosco em um determinado momento, trazendo algo feliz ou não. A entonação ascendente prepara o ouvinte para a informação-chave. Pode aparecer no princípio ou no fim de uma frase. Ver também *as chance would have it*.

- **As luck would have it**, we were both in Buenos Aires at the same time.

beginner's luck
sorte de principiante

Esta expressão, igual em português, é utilizada com má intenção e inveja, quando tudo sai bem para um novato.

- —The first time in her life she went to a casino and she walked out with €750!
  —**Beginner's luck**.

eat your heart out!
morra de inveja!

Serve para celebrar o triunfo próprio e a desgraça alheia. Costuma ter, portanto, uma conotação de má intenção. Também pode ser dita em tom de brincadeira, se o outro quiser considerar assim, é claro...

- —I heard that the company is sending you to the annual conference. Where is it being held this year?
  —In Venice.
  —Venice? Lucky bastard!
  —For four days. **Eat your heart out**!

(keep your) fingers crossed
cruzemos os dedos

O que se diz e, às vezes, se faz em milhares de situações para desejar sorte, apelando para a magia de uma simplificação do gesto cristão.

○ —So, tomorrow's the day of the job interview, is it?
—Yes, **fingers crossed.**

good luck!
boa sorte!

Usa-se para desejar sorte, inclusive como cavalheirismo, a um rival direto.

○ —Is it true you've got a job interview tomorrow?
—Yes, it is, but I'm not too hopeful.
—Well, you never know. **Good luck** anyway!
—Thanks, I'll need it.

(to have/to get) a lucky break
(ter) um golpe de sorte

Uma oportunidade para brilhar. Às vezes, inclusive, se diz sem o adjetivo.

○ I'm here now basically because **I had a lucky break.** I was working in a restaurant and a guy came up to me, and introduced himself to me as a producer and asked if I'd like to audition for a part in a film.

your lucky day
you're in luck
é seu dia de sorte
você está com sorte

Expressão que se diz quando a sorte está sorrindo para alguém.

○ —Are there any seats left for tonight's performance?
—How many would you need?
—Just two.
—Let me just check... **you're in luck**, row 17, seats 22 and 24. Do you want them?

SORTE

lucky you!
que sorte!
sortudo(a)!

Outra expressão muito habitual. Serve para felicitar, mas costuma expressar inveja.

○ —I'll see you on Monday.
—Oh, didn't you know? I'm not here next week. I'm going to Istanbul for a week.
—Oh, **lucky you!** Hey, could you bring me back a bottle of raki?
—I'll try.

on a lucky run
estar numa maré de sorte
estar com sorte

Diz-se quando alguém tem tido um período de boa sorte.

○ —How's Georgina doing at university?
—Better than usual, actually; she's passed all her exams with an A grade.
—So she's **on** a bit of **a lucky run**?
—I wouldn't say that; she works hard.

(to have) the luck of the Irish
ter um golpe de sorte

Talvez possa resultar surpreendente, mas os irlandeses têm fama de desfrutar de boa sorte. Diz-se quando alguém teve um golpe de sorte ou mesmo está numa maré de sorte. Pode-se dizer sobre os que não são irlandeses.

○ —Did you see that Jessica and Marc managed to get seats for the final of the ATP Madrid 1000?
—How do they do it?
—No idea; maybe it just **the luck of the Irish**.

to strike the jackpot
ganhar a sorte grande
ganhar na loteria

Em um sorteio, *the jackpot* é o maior prêmio. *Strike* tem muitos significados, mas aqui é "conseguir", "topar com".

○ —Honey, the day you met me, you really **struck the jackpot**.
—No, you did.

má sorte

you can't win them all
win some, lose some
não se ganha sempre
não se pode ganhar todas
alguns ganham,
outros perdem

Diz-se diante da falta de sorte, como consolo (também dirigido ao perdedor).

- Don't worry about failing Physics; I know you did your best. **You can't win them all**, you know.

you're out of luck
no luck
você não teve sorte
não está com sorte
você está sem sorte

O que se diz em milhares de situações quando alguém não teve sorte.

- —Are there any seats left for tonight's performance?
  —Sorry, **you're out of luck**, someone has just bought the last two.

too bad
bad luck
hard luck
que pena
que má sorte
que azar

Serve para expressar um pouco de solidariedade com alguém que não teve sorte.

- —Did you win the match, darling?
  —No, we lost 4-3.
  —Oh, **hard luck**. Anyway, I'm sure you did your best.

they have all the luck
que sorte têm alguns
wouldn't you know?
o que você acha?

Expressa um pouco de inveja de alguém que teve sorte quando a nós ela faltou.

- **Wouldn't you know?** The teacher asked him one direct question, and it was the only thing he knew all day, so of course he got it right!

TOPSY TURVY

IGUAL OU DIFERENTE

back to front
the wrong way around
pelo avesso
de trás para frente

Referem-se a uma roupa colocada do avesso, embora também possam se referir a situações que não saem como esperávamos. Significam o contrário de *the right way around*.

- They want to plan the marketing strategy before they've even costed the production. That's completely **back to front**, if you ask me.

inside out
do avesso
como a palma da minha mão

Refere-se a uma roupa colocada do avesso ou a uma situação que se interpreta ao contrário. É o contrário de *the right way around*. Também pode expressar a ideia de que a pessoa conhece alguém como a palma da mão (como no segundo exemplo).

- 1) I think you've got your sweater on **inside out**.

  2) I know Michael **inside out**.

the right way (a)round
do lado direito
da maneira certa

Refere-se a uma roupa bem colocada (no sentido de não estar pelo avesso) ou a uma situação bem interpretada. É o contrário de *back to front*.

- 1) I think the best way to get it **the right way around** is to begin with what we want to achieve and take it from there.

  2) That's not funny, Helen; put your dress on **the right way round** please.

the right way up
de cabeça para cima
na posição certa

Refere-se a uma roupa ou a algo bem colocado (no sentido vertical) ou a uma situação bem interpretada. O contrário de *upside down*.

- 1) Please leave all the gym equipment **the right way up**, so the next person can use it easily.

  2) Why do you hang your trousers **the right way up** when they're drying on the washing line?

  3) They'll be offended if you don't hang their flag **the right way up**.

topsy turvy
de pernas para o ar
transtornado

Refere-se a qualquer situação ou estado com as coisas desordenadas ou que não estão em seu lugar. É um adjetivo coloquial, porém *polite*.

- 1) When you move into a new house, everything is a bit **topsy turvy** for a while.

  2) Can I lie down? My stomach's a bit **topsy turvy**; maybe it was all that limoncello.

upside down
ao contrário
de cabeça para baixo

Também significa ao contrário, mas de cabeça para baixo ou com a parte de cima para baixo. É o contrário de *the right way up*.

- 1) If you hang those plants **upside down**, they'll dry better.

  2) The artist was furious when they saw that the gallery had hung her work **upside down**.

TIME HEALS ALL

EXPRESSÕES SOBRE O TEMPO

as things stand
as we stand
do jeito que estão as coisas

Duas expressões para expressar uma situação atual que é suscetível de mudança. São muito usadas durante o discurso de um partido, em uma negociação, em política etc.

- 1) **As things stand**, Argentina will be top of the group with six points, but...

  2) **As we stand,** you're offering an extra 2.5% discount if we pay at 30 days; is that right?

better late than never
antes tarde do que nunca

Às vezes é utilizada com um tom de resignação.

- —Is it okay if we come up and visit on Sunday instead of Friday?
  —**Better late than never**.

for the time being
for now
no momento
por enquanto

A situação atual é a que devemos aceitar, mas sem descartar mudanças no futuro.

- I'm not able to commit myself to a relationship **for the time being**.

no time like the present
não deixe para amanhã o que pode fazer hoje

Esta expressão indica que é preciso agir neste exato momento, sem demora. Para os adeptos do *carpe diem*.

- —We were thinking of buying some land.
  —**No time like the present**.

saved by the bell
salvo pelo gongo

Um boxeador jaz aturdido no chão. Seu oponente está pronto para lhe dar o golpe definitivo. O árbitro conta: *One!... two!... three!... four!... five!... six!... seven!... eight!... nine!...*, e nesse momento soa o gongo (*the bell*). Ele se salvou. Hoje em dia se usa para qualquer evento inesperado que salva a pele de alguém.

- —So, are you going to really commit yourself to this relationship or not?
  —Well, erm... I think... you...
  (phone rings)
  —**Saved by the bell**, eh?

the early bird catches the worm
Deus ajuda quem cedo madruga

O ditado em português é muito religioso. Em inglês, é totalmente laico, para não dizer animal, pois se fala do verme (*worm*) que serve de café da manhã para o pássaro madrugador (*early bird*).

- —Hurry up; **the early bird catches the worm**.
  —Are you saying I'm slow?

a tight deadline
prazo final
on a tight deadline
pressionado pelo prazo

Deadline é "o prazo final", o momento em que se deve ter algo feito.

- It's important in this job to be able to work to **a tight deadline**; is that understood?

time flies when you're having fun
o tempo voa
o tempo passou voando

Observe que *fun* significa "diversão" ou "divertido", e *funny*, "cômico" ou "engraçado".

- —Oh heavens, is that the time?
  —Yes. **Time flies when you're having fun**, doesn't it?

time heals all
o tempo cura tudo

Lembre-se de que, em inglês, os substantivos abstratos não vão acompanhados de artigo.

- —How long did it take you to get over your divorce?
  —About three years. **Time heals all**, slowly.

time stops for no man
o tempo não para para ninguém

Geralmente isso é dito com ironia a alguém que demora muito para se arrumar.

- When I was your age, I had this ridiculous notion that somehow I would always be young, at least in mind if not in body, but the sad truth is that **time stops for no man**.

time will tell
o tempo dirá
dar tempo ao tempo
o tempo põe cada um em seu lugar

Usa-se para dizer que algo que uma pessoa afirma ou o resultado de uma determinada situação ficarão claros depois de um tempo.

- —Do you think I made the right choice?
  —**Time will tell**, dear.

time out
let's take five
vamos parar um pouco
vamos fazer uma pausa

Na segunda expressão, supõe-se que vamos tirar cinco minutos de descanso, não cinco horas.

- —I don't feel we're getting anywhere in this discussion; **let's take five** and have a fresh look at it.
  —Fine by me.

with hindsight
a posteriori
em retrospecto

Expressão predileta dos partidos políticos para (quase) reconhecer seus erros.

- I think, **with hindsight**, yes, perhaps we could have reacted more quickly to the recession.

ONCE IN A BLUE MOON

FREQUÊNCIA

all the time
constantemente
o tempo todo

Em um episódio de *Sex in the City*, Carrie Bradshaw pergunta a seu futuro marido se alguma vez ele se apaixonou dessa maneira. Ele lhe responde: *All the fucking time*.

- —Do you ever have to use public transport?
  —**All the time**. Why?

from time to time
now and again
de vez em quando

Duas maneiras de expressar a mesma ideia.

- —How often does she have these symptoms?
  —**From time to time**.

once in a blue moon
muito de vez em quando
muito raramente

Uma expressão para indicar que uma coisa acontece muito raramente

- **Once in a blue moon** he cooks for his wife to show how modern he is.

the odd
de vez em quando
raramente

Algo que acontece com pouca frequência. A expressão é seguida de um substantivo ou de um pronome.

- —Where do most of your visitors come from?
  —About 70% from Asia, more or less 25% from the Arabian Gulf, and we do get **the odd** European too.

time and time again
repetidas vezes
com muita frequência
uma e outra vez

Quase sempre é dita em tom de resignação.

- **Time and time again** she told her kids to clean up their bedrooms.

UNTIL THE COWS COME HOME

DURAÇÃO

for a long time
faz muito tempo
for ages
há séculos
há uma eternidade

Duas expressões que indicam uma longa duração. A primeira é padrão, e a segunda, talvez um pouco mais informal.

- —How long have you known about this?
  —**For ages**; maybe I should have told you.

(to be) knee-high to a grasshopper
pela vida toda
desde que eu era bebê
desde pequenininho

É preciso imaginá-lo. Se alguém chega nos joelhos de um gafanhoto (*grasshopper*) significa que é muito pequeno, ou seja, muito jovem. Esta expressão nasceu nos Estados Unidos e costuma ser formulada assim: *since I was knee-high to a grasshoper*.

- —How long have you two known how to use a gun?
  —Oh, since I was **knee-high to a grasshopper**.

round the clock
o dia todo
as vinte e quatro horas do dia
24/7
horário ininterrupto todos os dias da semana

Round the clock (no inglês norte-americano, *around*) significa que um negócio abre vinte e quatro horas por dia, embora possa fechar aos sábados ou domingos. A segunda implica que abre ininterruptamente, vinte e quatro horas por dia, os sete dias da semana.

- —What time do you close today?
  —We don't; we're open **round the clock.**

till death do us part
até que a morte nos separe

Até a morte, segundo o voto tradicional do casamento. Hoje em dia, seria mais adequado dizer até que eu me canse de você.

- —So are you looking for a **till death do us part** relationship or just adventure?
  —Oh, I'm serious, completely serious.

time (just) flew by
o tempo voou
o tempo passou voando

Usa-se no passado (*simple past*) para expressar como o tempo passou rápido em um momento determinado – por exemplo, quando uma pessoa estava se divertindo. Ver também *Time flies when you're having fun*.

- We were in Turkey for two weeks, but **time just flew by**. There was so much to do and see.

until the cows come home
no dia de São Nunca
até que a vaca tussa

Durante muitíssimo tempo. As vacas voltam para casa toda tarde, certamente, mas esperar por elas requer paciência... Daí o ditado. Usa-se principalmente no *simple present*.

- You can wait for the perfect opportunity **until the cows come home**, but this one seems good enough for me.

we go back a long time
we go way back
a vida toda
há muito tempo

Expressões muito usadas pelos homens, principalmente ao falar entre eles, para assinalar o valor de uma longa relação de amizade. Diz-se normalmente com sorrisos e, às vezes, com batidinhas no ombro. A segunda é muito popular nos Estados Unidos.

- —How long have you two known each other?
  —Oh, **we go back a long time**...

ON THE DOLE
TRABALHO E DESEMPREGO

a bad workman blames his tools
um mau trabalhador sempre culpa suas ferramentas

Usa-se de forma irônica para se referir a governos ou empresas que não têm os recursos necessários para pagar seus encargos.

- —I couldn't drill the holes properly because I didn't have the right bit with me for plaster walls.
  —It's **a bad workman** who **blames his tools**.
  —Listen, I'd like to see you trying to drills holes in that wall without the right tools.

a slave-driver
um escravizador
um explorador

Originalmente, alguém que obrigava, com chicote na mão, os escravos (*slaves*) a trabalhar. Hoje em dia se aplica a qualquer chefe que obriga seus empregados a trabalharem em excesso.

- A lot of people think that our boss is a bit of **a slave-driver**, but it's not true, well, most of the time.

on welfare
on the dole
na previdência social
com seguro desemprego
parado

between jobs
atualmente sem emprego
desempregado

A cobertura para os desempregados varia dependendo do país, mas as três expressões se referem à mesma coisa. A primeira é usada nos Estados Unidos e a segunda, na Grã-Bretanha. A terceira é uma forma eufemística.

- —Have you ever been **on the dole**?
  —For six months, after I finished my Master's in Social Anthropology.

to toil away
dar duro (em algo)
to do the donkey work
fazer trabalho pesado
trabalhar como um burro de carga
to do the dirty work
fazer o trabalho sujo

As três expressões se referem a trabalhar duro. A segunda se refere a trabalho mais pesado, o de um burro (*donkey*). A terceira refere-se ao trabalho sujo (*dirty work*), não ético ou ilegal.

○ Oh, I get it; **I do** all **the donkey work**, and you take all the credit.

sitting pretty
(on) a cushy number
estar bem colocado
estar bem situado
estar bem de vida

Estas expressões se referem a pessoas com um bom trabalho, seja pelo bom salário, por ser um trabalho fácil ou por sua comodidade.

○ —Look at these Technical Managers that the top football clubs have. Now that's a job I'd like to have.
—Me too; that'd be quite **a cushy number**.
—Oh yes, that'd be **sitting pretty**!

to walk the plank
rolar cabeças
estar na lista negra
ser demitido

Receber um castigo, especialmente no âmbito do trabalho, na forma de demissão. Lembra um castigo que os piratas impunham aos seus presos: faziam com que caminhassem com os olhos vendados por uma prancha (*the plank*) colocada na borda do navio. O prisioneiro acabava caindo no mar.

○ Did you hear what happened in Alice's company? Twenty five people out of thirty in the sales department have had to **walk the plank**!

to work one's guts out
to work one's fingers to the bone
to work one's arse/butt/balls off*
cair duro de tanto trabalhar
arrancar o couro de tanto trabalhar

Três formas de expressar o fato de trabalhar muito. A terceira é muito informal.

○ —I've been **working my guts out** for ten hours and I come home and the place is a mess. What do you do all day?
—You expect me to clean and iron all day?

NO SMOKE WITHOUT FIRE

PROVÉRBIOS E REFRÕES

a bird in the hand (is worth two in the bush)
mais vale um passarinho na mão do que dois voando

A única diferença do provérbio em português é que os dois estão voando, enquanto em inglês estão em um arbusto (*bush*).

- I know you'd rather go to Cuba, but we know we can get flights and accommodation for the Dominican Republic, and if we don't put a deposit now on our places for Punta Cana we could end up with nothing. You know, **a bird in the hand is worth two in the bush**.

(to be/to live in) a fool's paradise
viver fora da realidade

Usa-se para indicar que alguém viveu (ou vive) muito tempo uma mentira. Pode-se traduzir, simplesmente, como "enganar-se".

- —Well, I suppose as democracies go, this is quite a good one.
  —You're living in **a fool's paradise**; you just vote for the least bad option every four years.

a friend in need is a friend indeed
é na pobreza e no perigo que se conhece o bom amigo

Ou seja, o amigo que o ajuda quando você precisa é um amigo em quem se pode confiar.

- When Jack was short of money, Bill realizing that **a friend in need is a friend indeed**, gave —not lent— him quite a lot, and gained Jack's eternal loyalty in return.

a shut mouth catches no flies
em boca fechada não entra mosquito

Não é parecido ao equivalente em português? Mas ele é um empréstimo do espanhol. Apareceu em uma gramática espanhola para ingleses datada de 1599 (*en boca cerrada no entran moscas*).

- —I don't think I should have said what I did.
  —**A shut mouth catches no flies**; remember that. Now go and apologise.

a stitch in time saves nine
mais vale prevenir do que remediar

Nunca é tarde para tomar precauções, ainda que seja só dar um pontinho (*stitch*).

- The moment I saw those black spots on one of the leaves of my geranium, I got some insecticide and sprayed all the plants. **A stitch in time**...

all work and no play (makes John a dull boy)
nem tudo na vida é trabalho

Na vida há mais coisas além de trabalho. Geralmente a segunda parte é omitida (*dull* aqui significa "aborrecido").

- —I'd like to come to your party, but I can't; I have to study. I need really good marks to get into my my branch of Engineering.
  —**All work and no play**...

all's fair in love and war
no amor e na guerra vale tudo

Triste ditado, bastante parecido em português. Para conseguir algo muito desejado, tudo é válido, inclusive a traição ou as armadilhas.

- —Did you really steal your best friend's boyfriend?
  —Well, he was tired of her anyway. Besides, **all's fair in love and war**.
  —Was he? Is it?
  —Oh, she'll get over it, in time.

all's well that ends well
tudo está bem quando acaba bem

Shakespeare o utilizou como título de uma de suas comédias, ou seja, é uma expressão que data pelo menos de 1623. É usada para qualquer situação complicada que chega a um final feliz.

○ —Did you know someone found my wallet that had been stolen on the metro, and all the credit cards were still in it? The muggers had only taken the cash, which was only about 30 Euros. I mean the wallet itself was new, and worth 50.
—So apart from the 30 Euros, **all's well that ends well**.

bad news travels fast
notícia ruim chega rápido

Apesar do "s" final, *news* em inglês é um substantivo não contável. Para torná-lo contável, diz-se *a piece of news* ou *an item of news*.

○ —Is it true that you and Carl are splitting up?
—Yes, but how did you know?
—**Bad news travels fast**.

bad things come in threes
desgraça pouca é bobagem

Parecido com o português, mas o inglês é mais preciso numericamente.

○ —Is it true that you and Carl are splitting up?
—Yes, but how did you know?
—Bad news travels fast. And by the way, so are Sue and Robert.
—And who else? **Bad things come in threes**, don't they?

better safe than sorry
é melhor prevenir do que remediar

○ Before they got married they signed a prenup, which stated that if they ever got divorced, neither of them could claim half the other's property. **Better safe than sorry**, I suppose.

birds of a feather (flock together)
dize-me com quem andas e te direi quem és

Nós nos juntamos com gente parecida conosco, assim como os pássaros (*flock* é "bando"). Este ditado é utilizado, principalmente, para se referir a pessoas de reputação duvidosa.

- She's just like him, isn't she? Neither one of them is to be trusted. **Birds of a feather**, eh?

(you) can't teach an old dog new tricks
burro velho não aprende línguas
louro velho não aprende a falar

É tão difícil mudar uma pessoa quanto adestrar um animal velho.

- —Where I'm from, in Hungary, a lot of middle aged men became unemployable after the fall of Communism. They couldn't get used to technology and most of them couldn't or wouldn't learn English.
  —It just goes to show, **you can't teach an old dog new tricks**.

(don't) cast pearls before swine
não dê pérolas a porcos

É melhor não oferecer coisas de valor a quem não sabe apreciá-las. *Swine* é um termo anglo-saxão antigo para "porco". Os porcos não sabem distinguir entre comida e *pearls* (pérolas).

- —They just didn't seem to understand any of the jokes in my work.
  —Don't worry. You should know better than **to cast pearls before swine**.

don't bite the hand that feeds you
não morda a mão que te alimenta
não cuspa no prato em que comeu

Diz-se no imperativo negativo, como na primeira tradução, que é literal.

- —I suppose it's kind of them to offer us free accommodation for a week, but this room really is noisy and small.
  —Come on! **Don't bite the hand that feeds you.**

don't count your chickens (until they're hatched)
não cante vitória antes do tempo

Realmente é sábio não contar as galinhas antes que "saiam do ovo" (*to hatch*).

- —And we feel that all EU foreigners living in Spain will want to take advantage of this service, and it's a great business opportunity.
  —Hang on, **don't count your chickens**. I'm not so sure your real market is that large.

don't look a gift horse in the mouth
a cavalo dado não se olha os dentes

Este ditado é bem parecido com seu correspondente em português. Pode-se dizer com *never* em vez de *don't*.

- —If you like this music I can copy it for you.
  —Thanks, but I think I'd rather buy the CD.
  —**Don't look a gift horse in the mouth**.
  —But what about the copyright?

don't put all your eggs in one basket
não aposte tudo em uma única carta

A fragilidade dos ovos dá origem a este ditado que fala de tentar limitar o risco. Ver também to *hedge one's bets*.

- —So how many publishers have you sent your manuscript to?
  —Just one.
  —One? Ah, well if I were you, I wouldn't **put all my eggs in one basket**.

don't put the cart before the horse
não coloque o carro na frente dos bois
não comece a casa pelo telhado

As coisas devem ser colocadas em sua devida ordem, porque o boi pode puxar o carro (*the cart*), mas não o contrário. Usa-se em contextos nos quais a lógica e a logística correm perigo.

- You want to have kids before we even start living together? Aren't you **putting the cart before the horse**?

don't shut the stable door after the horse has bolted
não chore sobre o leite derramado

É tarde demais para fazer algo. Um *stable* é um "estábulo" e *to bolt* é "escapar voando".

🔸 —Don't forget to send off your application for the Erasmus, will you?
—**The horse has already bolted**, I'm afraid; the deadline was last Friday.

don't throw out the baby with the bathwater
não jogue fora o bebê junto com a água do banho

Tudo tem um lado bom (o bebê, neste caso). A parte ruim, que se pretende "jogar fora", é a água suja da banheira (*the bathwater*)

🔸 There may have been some excess spending in this area in the past, but let's not **throw out the baby with the bathwater**; this department provides essential care for people on the fringes of society.

to feel like a fish out of water
sentir-se como um peixe fora d'água

Um peixe fora d'água fica, no mínimo, incomodado, por isso este ditado se refere a uma pessoa que não está familiarizada com o ambiente que a cerca e se sente perdida.

🔸 Dressed in my beach clothes at their sophisticated garden party, I **felt like a fish out of water**.

give a dog a bad name (and hang him)
cria fama e deita na cama

Embora a fama não seja merecida, não é fácil se desfazer de uma má reputação. Provérbio que data do início do século XVIII. Quase sempre são omitidas as três últimas palavras.

🔸 —Is it true that you broke all those glasses?
—Just because I broke two last year? Come on! **Give a dog a bad name**!

the grass is always greener (on the other side)
the other man's grass is always greener
a grama do vizinho é sempre mais verde

Duas versões do mesmo ditado que expressa inveja em estado puro.

- Every year, thousands of Africans take the risk of crossing the Strait of Gibraltar clandestinely. Often they end up in detention centres, and sometimes even worse things happen. Why do they do it? Is it because **the other man's grass is greener**, or is it just the lack of opportunity in their own countries that drives them to do it? Tonight, we bring you an exclusive documentary...

good fences make good neighbours
boas cercas fazem bons vizinhos

É bom ter as coisas claras com o próximo: marcar limites, ainda que com cercas (*fences*), e saber o que é aceitável e o que não é. Não é desconfiança, é prevenção.

- This building is used for offices, apartments and even a language school. Fortunately, everybody is very respectful about other people's space, noise and cleaning. And of course shared costs are very fairly calculated. **Good fences**, you know, **make good neighbours**.

he who laughs last, laughs longest
he laughs best who laughs last
ri melhor quem ri por último

O primeiro é a versão moderna do segundo ditado. Também é possível se dizer *to have the last laugh*.

- You may be doing well at the moment, but there's a long way to go yet, and just remember that **he who laughs last, laughs longest**.

home is where the heart is
o lar é onde está o coração

Seu lar é o lugar onde você se encontra à vontade.

- My neighbour was very nice when he invited me over for Christmas, but **home is where the heart is** and I kept thinking about you and why you had left.

if you can't be good, be careful
divirta-se, mas com cuidado

"Comportem-se bem", costumam dizer os pais para os filhos quando estes saem para se divertir. Outros pais, conscientes do pecado inevitável, aconselham seus filhos – e suas filhas – a tomar precauções, também dizendo esta frase. Esta é ainda uma maneira informal de se despedir, por exemplo, dos colegas de trabalho.

- I know that none of my advice makes any difference to you, but one thing I will say is this: **if you can't be good, be careful**.

it's like water off a duck's back
entrar por um ouvido e sair pelo outro

As penas das costas de um pato (*duck's back*) são impermeáveis e, por isso, a água resvala nelas. Algumas pessoas parecem impermeáveis às reações, sugestões e, principalmente, às críticas dos demais.

- He won't listen to the clients' feedback. To him **it's like water off a duck's back**.

to live in cloud-cuckoo-land
viver fora da realidade

Pobre pássaro cuco, sempre associado com a loucura.

- These people who believe that they can learn a foreign language in six weeks because some charlatan put that in an advertisement, they're **living in cloud-cuckoo-land**.

look before you leap
pense antes de agir
não dê um salto no escuro

Ditado que defende a prudência e a precaução. *Leap* significa "saltar".

- —You've only known him for a month and you're talking about living together? Don't you think you should **look before you leap**?
  —Why?
  —What do you mean, why?

make hay while the Sun shines
faça feno enquanto o sol brilha
aproveite a oportunidade

Provém do mundo da agricultura e aparece já em um texto de 1546. Ver também *stitch in time* e *strike while the iron is hot*.

- —You're only young once, so I say **make hay while the Sun shines**.
  —Is that what you said to Mum when she was young, grandad?

(there's) never a dull moment
não nos entediamos nunca

É utilizado, principalmente, em situações nos âmbitos familiar e empresarial. Também é dito com ironia quando há pouca atividade.

- Last year the government asked us to take a 5% pay cut; this year they want us to reduce staff by 5%. **Never a dull moment**, is there?

no news is good news
não ter notícias é bom sinal

Já se sabe que as más notícias correm como rastilho de pólvora. Esta é uma expressão muito versátil.

- —Heard anything from Head Office about the negotiation? I should never have sent her that email.
  —Nothing at all.
  —Oh well, **no news is good news**?

no pain, no gain
sem sofrimentos, sem resultados
não se consegue nada sem esforço

Seu equivalente em português é muito parecido. É utilizado para animar alguém a fazer um esforço (porque vai valer a pena).

- You want to lose 10 kilos? Eat less, drink less, do exercise, go to the gym. **No pain, no gain**.

nothing ventured, nothing gained
quem não arrisca, não petisca

Tem o sentido de que é preciso arriscar algo ou abandonar uma posição segura para conseguir o objetivo.

- You know this is a great business plan, but you need to put 50,000 Euros into it. **Nothing ventured, nothing gained**.

(there's) no point crying over spilt milk
não adianta chorar sobre o leite derramado

O que está feito, está feito; por isso, não vale a pena se lamentar por um erro que se cometeu. *No point* significa que algo não tem sentido, e sempre vai acompanhado de um verbo no gerúndio (*–ing*). *Spill* é "derramar" e, obviamente, pode se aplicar a vários líquidos, mas aqui sempre se trata de leite.

- —I should never have sent her that email.
  —Oh well, too late now. **No point crying over spilt milk**, is there?

once a..., always a...
uma vez..., sempre...
ser... até a morte

Diz-se muitas vezes em tom de resignação. Há múltiplas versões: *once a priest...*, *once a whore...* etc.

- They asked her to testify about the abusive priest, but she said she wouldn't do anything to harm the Church. Oh well, you know what they say, **once a** Catholic, **always a** Catholic.

once bitten, twice shy
gato escaldado tem medo de água fria

É quase o contrário da anterior, pois indica que podemos aprender com a experiência, principalmente com a dolorosa, como ser mordido (*bite*).

- No, no; I'm not going to ask her to help us again after her reaction last time. **Once bitten, twice shy**.

one picture is worth a thousand words
uma imagem vale mais que mil palavras

Observe que o ditado em português é exatamente igual.

- Nobody's going to react to this tragedy if we don't get some images out there, whether it's on TV, U-tube or Twitter. **A picture is worth a thousand words**.

out of sight, out of mind
o que os olhos não veem, o coração não sente

Se uma pessoa não vê algo (ou não toma conhecimento de algo), não vai sofrer por causa disso. No sentido amoroso, refere-se a que, com a distância, apaga-se rapidamente a chama do amor. Como os assuntos do coração são sempre complicados, há um refrão que afirma justamente o contrário: *Absence makes the heart grow stronger*.

- —This will be our first separation, and of course I'll be worried, you know, with you in Thailand for a year.
  —Don't worry; I've got a holiday in every six months. Besides, distance makes the heart grow stronger, doesn't it?
  —Well I hope it's not a case of **out of sight, out of mind**.

people who live in glasshouses shouldn't throw stones
quem tem telhado de vidro não atira pedra no telhado alheio

Criticar os defeitos dos outros quando também os possui é colocar-se em uma situação vulnerável, coisa que reflete muito bem o ditado inglês.

- Those politicians who are now screaming about corruption in other parties would do well to remember that **people who live in glasshouses shouldn't throw stones**.

still waters run deep
as aparências enganam
quem vê cara não vê coração

É usado para se referir a pessoas que, por trás de uma aparência tranquila, escondem comportamentos duvidosos.

- Who would have thought that quiet little Susana could write poetry like that? **Still waters run deep**.

talk/speak of the devil (and he appears)
falando no diabo...

Estamos falando de alguém, não necessariamente do diabo (*devil*), e justamente essa pessoa aparece. É uma expressão já consignada desde o século XVI.

- ... and apparently Mike knew all about it, but didn't say... Oh Mike, there you are! **Talk of the devil**! We were just saying that...

there's no place like home
nada como estar em casa

Aqui se entende lar, *home*, em um sentido muito amplo, como o lugar (casa, cidade, país) onde uma pessoa cresceu com os seus.

- After two years abroad, she knew it was time to go back to Rio de Janeiro. It wasn't so much that there is nowhere quite like it, simply that **there's no place like home**.

there's no smoke without fire
onde há fumaça, há fogo

Ditado do século XIV, muito parecido com aquele em português "pela fumaça sabe-se onde está o fogo".

○ Apparently, you had quite a few problems at university with the authorities. Maybe it wasn't your fault, but **there's no smoke without fire**, is there?

what's good for the goose is good for the gander
o que é bom para um, é bom para outro

Um exemplo prematuro de igualdade de gêneros (na verdade, em 1670, o livro *English proverbs* dizia "*This is a woman's proverb*"). Normalmente é usado quando uma pessoa fez mal a outra e depois começa a se sentir mal. Também existe a versão *what's sauce for the goose...* Há poucos animais em inglês moderno com formas tão diferentes para macho e fêmea (*goose, gander*), inclusive com um plural irregular (*geese*).

○ So when this corruption happens in your party it's merely an internal affair of no significance, but when it happens in our party it's a national scandal? Come off it! **What's good for the goose is good for the gander**!

when in Rome, do as the Romans do
quando estiver em Roma, comporte-se como os romanos

Pelo visto, foi o que Santo Ambrósio aconselhou a Santo Agostinho: sábio conselho para não chamar a atenção como estrangeiro, infelizmente ignorado pela maioria dos turistas.

○ —What on earth are you doing to your bread?
—Rubbing tomato onto it. I'll pour a bit of olive oil on it, and then sprinkle some salt on.
—Where did you learn that?
—In Barcelona. **When in Rome, do as the Romans do**.
—Don't they have butter there?
—Er... Yes.

while the cat's away, the mice will play
quando o gato sai, os ratos fazem a festa

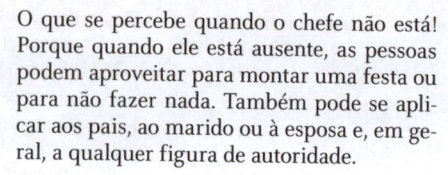

O que se percebe quando o chefe não está! Porque quando ele está ausente, as pessoas podem aproveitar para montar uma festa ou para não fazer nada. Também pode se aplicar aos pais, ao marido ou à esposa e, em geral, a qualquer figura de autoridade.

- —What time's the boss coming back?
  —At about six, she said.
  —Great; **while the cat's away...**

you can lead a horse to water (but you can't make him/it drink)
você pode oferecer uma oportunidade (mas não pode obrigar alguém a aceitá-la)

Continua tão vigente como no ano de 1125 a referência escrita mais antiga deste provérbio. Significa que você pode reunir as condições necessárias para que uma pessoa faça algo, mas se ela não quiser, será inútil. O mesmo acontece com os conselhos: você pode dar um conselho a alguém, mas não pode obrigá-lo a segui-lo.

- We put our son in the very best schools in town, the most expensive ones, the best facilities and the best teachers, but even though he wanted to do Architecture at university, he just did not want to study. **You can lead a horse to water...**

you can't judge a book by its cover
não se pode julgar um livro por sua capa
as aparências enganam

Encontramos sua origem na época em que os livros só incluíam na capa o título (e, às vezes, o nome do autor).

- —She seems a quiet, studious girl.
  —That just goes to show **you can't judge a book by its cover**; you should've seen her on Friday night!

ÍNDICE ALFABÉTICO

A

a bad workman blames his tools 257
a bargain 44
a bird in the hand (is worth two in the bush) 259
(a bit of a) bummer 223
a (bit of a/complete) flop 96
above board 215
above par 78
absence makes the heart grow stronger 180
absolutely! 123
a cash cow 37
a close shave 66
a (complete/bit of a) rip-off 45
a couple 188
actions speak louder than words 210
a fair-weather friend 24
a fizz 96
a friend in need is a friend indeed 259
after a storm comes a calm 13
a hard/tough act to follow 220
a has-been 60
a (hot) tip 242
a kick in the teeth 25
a knight in shining armour 22
a licence to print money 39
a likely story 168
a little bird told me (that) 242
all credit goes to 157
all dressed up and nowhere to go 231
all in good time 172
all set? 82
all's fair in love and war 260
(all) sweetness and light 26
all's well that ends well 261
all the best 105
all the time 254
all the time in the world 172
all work and no play (makes John a dull boy) 260
a long shot 167
a love-hate relationship 180
(a) match made in heaven 188
a money spinner 37
(and) Bob's your uncle 82
and still going strong 21
and that's that 83
and the point is? 174
(a) new broom 192
an open secret 236
anything goes 149
anyway 119
a partner 188
a piece of cake 71
a piece of piss 71
a posteriori 253
a red herring 102
are you done? 83
are you for real? 115
are you winding me up? 118
around and about 178
a rush job 63
(as) bold as brass 196
as chance would have it 205
a sea change 76
as good as it gets 220
as good as it gets 222
(as) good as new 58
a shoo-in 164
a shot in the dark 167
a shut mouth catches no flies 260
as I was saying 119
a slave-driver 257
as luck would have it 245
(as) mad as a March hare 29
a smoke screen 102
(as) quick as a flash 63
as sober as a judge 232
as things stand 251
a stick in the mud 195
a sticky wicket 203
a stitch in time saves nine 260
(a) storm in a teacup 230
as we stand 251
as white as a sheet 56
(a) tempest in a teapot 230
a tight deadline 252
a tip-off 242
at one's beck and call 53
at the end of the day 149

a turn-up for the book 115
a wannabe 58
a white elephant 97
(a) whole lot of (something) 68
a (whole) new ball game 76
a word in your ear 238
a word to the wise 238

B

back to front 249
back to square one 81
back to the drawing board 81
bad luck 248
bad news travels fast 261
bad things come in threes 261
balls-up 204
barking up the wrong tree 128
beginner's luck 245
below par 78
below the belt 217
be my guest 109
benchmarking 89
best practice 89
be that as it may 142
better late than never 251
better safe than sorry 261
better the devil you know (than the devil you don't) 193
between jobs 257
between you and me 239
binge drinking 232
bingo! 123
birds of a feather (flock together) 262
bits and bobs 178
bits and pieces 178
bog standard 77
bottom end of the market 44
bottom of the range 44
bound to happen 168
brand new 57
bright young thing 58
bug bear 224
bugger all 68
built to last 155
by the by 120
by the way 120

C

can-do 162
cheap and cheerful 44
cheers 106
chilled 14
close to home 114
close to the bone 114
come again? 116
come off it! 116
come on! 116
come rain or (come) shine 205
come to your senses 134
come what may 205
congratulations 157
control freak 53
cool 124
count me in 124
count me out 124
cutting edge 220

D

damn right 125
dark horse 166
devil take the hindmost! 211
does that work for you? 136
do me a favour! 129
don't believe the hype 100
don't bite the hand that feeds you 262
don't call us, we'll call you 96
(don't) cast pearls before swine 262
don't count your chickens (until they're hatched) 263
don't get mad, get even 80
don't get me wrong 137
don't let on 238
don't look a gift horse in the mouth 263
don't mince your words 151
don't mind me 110
don't push your luck 206
don't put all your eggs in one basket 263
don't put the cart before the horse 263
don't quote me 244
don't shut the stable door after the horse has bolted 264
don't speak too soon 206
don't stand on ceremony 110

don't sweat the small stuff 226
don't tempt fate 206
don't throw out the baby with the bathwater 264
don't worry about it 145
doom and gloom 31
do we have an understanding? 136
downbeat 31
down-market 44
do you get me? 136
(do you) get what I'm saying? 136
(do you) get my point? 136
(do you) know what I mean? 136
do you mind? 109
drives me up the wall 17

E

easier said than done 73
easy come, easy go 229
easy for you to say that 139
eat your heart out! 245
economy model 44
economy size 44
enough said 149
every (dark) cloud has a silver lining 198
every man for himself 211
excuse me 112

F

fair enough 133
fair play to you 158
fair point 133
fair's fair 216
famous last words 206
fancy that! 116
fed up 175
feel free (to...) 110
feel the fear and do it anyway 196
first come, first served 113
first things first 120
fishy 219
fit as a butcher's dog 55
footloose and fancy free 191
for ages 255
for a long time 255
for as long as it takes 172
for better or (for) worse 206
foregone conclusion 169
for fuck's sake! 175
forgive me 144
for God's sake! 175
for now 251
for Pete's sake! 175
for shame! 49
for the time being 251
for your ears/eyes only 238
from time to time 254
full steam ahead 211

G

game, set and match 91
g'day 104
generosity itself 32
get a move on! 170
get on your bike! 170
gets on my wick 16
gets up my nose 16
get your arse into gear! 170
get your skates on! 170
gidday 104
give a dog a bad name (and hang him) 264
good fences make good neighbours 265
good luck! 246
good one! 126
good on (you) 158
go on 121
guardian angel 22
guess what? 120
guess who? 120

H

hang on 209
happy as a clam at high water 11
happy as a cloud 11
happy as Larry 11
hard luck 248
(has the) cat got your tongue? 152
have a good one 105
have a nice day 105
heads will roll 147
he laughs best who laughs last 265
help yourself 111
here and there 178
here we go again 176
(he/she) couldn't organize a piss-up in a brewery 61
he/she thinks the world owes him/her a living 26
he thinks he's God's gift to women 26
he who laughs last, laughs longest 265
his bark's worse than his bite 24
hold it! 210

hold your horses! 210
home and dry 91
home and hosed 91
home is where the heart is 266
honestly 150
hooked on 220
how about...? 140
how are things? 104
how are you doing? 104
how come? 143
how does that sound? 140
how nice! 111
how's it going? 104

I

I appreciate that 111
I beg to differ 129
I can live with that 124
I (can) see where you're coming from 243
(I) can't argue with that 125
(I) can't be arsed (to do something) 228
(I) can't be bothered (to do something) 228
I can't/couldn't live with that 132
I can work with that 124
(I) couldn't care less 228
I could see it/that coming 165
(I) could use 208
(I) don't give a damn 228
(I) don't give a (flying) fuck 229
(I) don't give a toss 229
I don't like to complain, but... 160
I don't mind 222

I don't mind if I do 111
I'd rather not, if you don't mind 111
if it ain't broken, don't fix it 194
If I were in your shoes 137
if I were you 137
if push comes to shove 207
if the cap fits, (wear it) 51
if you can't beat them, join them 92
if you can't be good, be careful 266
if you say so 135
if you've got it, flaunt it 46
I gotta hand it to you, kid 158
I hate to bother you 112
I hate to say this 137
I hear you 133
I just can't get enough (of something) 220
I'll have to love you and leave you 106
I'll say! 125
I'm done 83
I'm glad... 139
(I'm) just thinking out aloud 140
I'm off 106
I'm out of here 106
(I'm) really sorry (for doing something) 144
I'm sorted 83
in a fix 203
in a jam 203
in a jiffy 62
in all likelihood 162
in a pickle 203

in a (right) stew 203
in a spot 203
in a wink 62
in good condition 57
in mint condition 57
in next to no time 62
innit to winnit 92
in no time at all 62
inside out 249
(in the) best-case scenario 30
in the blink of an eye 63
in the heat of the moment 17
in the limelight 236
in the nick of time 170
in the public eye 236
(in the) worst-case scenario 31
I ought to make a move 107
I (really) must apologise (for doing something) 144
I saw it coming 165
I smell a rat 102
is that for real? 118
is that it? 84
it comes as no surprise to me 165
(it) couldn't have happened to a nicer bloke/person 22
I tell a lie 99
I tell you what 140
it'll all come out in the wash 99
it'll be alright on the night 207
it'll do 113
(it) makes no difference 74
it makes no difference 222

(it) never rains but it pours 201
(it) rings a bell 243
it's a dead cert 164
it's a good job (that)... 139
it's all water under the bridge 146
it's a pity... 139
it's in the bag 91
it's like pulling teeth 73
it's like trying to get blood from a stone 73
it's like watching paint dry 64
it's like water off a duck's back 266
it's my shout 33
it's no less than you deserve 158
(it's) not my cup of tea 223
it's on me 33
it's on the house 33
it stands to reason 163
it's/that's not on 129
(it) takes all sorts (to make a world) 25
(it) takes one to know one 160
it takes two to tango 180
(it/that) sounds good to me 127
I've a good mind to... 163
I've been doing some thinking 141
I've been meaning to talk to you... 138
I've got a bone to pick with you 147
I've got to give it to you, kid 158

I've had it up to here 175
I was wondering 141
I wouldn't be surprised... 165
I wouldn't know about that 129
I wouldn't touch it with a barge pole 223

J

just an informal chat 238
just a sec(ond) 210
just in case 163

K

(keep your) fingers crossed 246
kindness itself 32
kosher 215

L

ladies first 112
leave it out 130
let me give you a piece of advice 138
let me give you some (free) advice 138
let me put it this way 120
let one's hair down 234
(let's) call the dogs off 145
let's call the whole thing off 84
let's cross that bridge when we come to it 194
let's do that then 153
let's get cracking 82
let's get going 82

let's get started 82
let's go for it 212
let sleeping dogs lie 194
let's make a move 107
let's not go there! 130
(let's) put our differences to one side 146
let's say that then 153
let's take five 253
life's not a bowl of cherries 200
like a rat up a pipe 63
(like a) spring chicken 58
like I said 121
like it or lump it 142
like pushing shit uphill 73
long time no see 104
look after the pennies and the pounds will look after themselves 34
look before you leap 267
look smart (about it) 171
love at first sight 181
love will find a way 181
lucky you! 247

M

mad as a sack of frogs 29
made to last 155
make hay while the Sun shines 267
make my day 11
makes no odds 74
many are called but few are chosen 67
many hands make light work 67

marry in haste,
  repent at leisure 189
message
  understood 126
mind your own
  business 239
modesty forbids 46
money doesn't grow
  on trees 43
money for old rope 39
money is no object 37
money is the root
  of all evil 43
money slips through one's
  fingers 35
more fool you! 29
mum's the word 239
(my/your) pride and
  joy 47

N

necessity is the mother of
  invention 208
need a hand? 112
needs must 208
never again 150
nice meeting you 107
nice one! 126
no expense (was/
  has been/will be)
  spared 36
no-frills 44
no fuss 226
no holds barred 147
no idea 244
no kidding? 116
no luck 248
no more, no less 67
no news is good
  news 267
no pain, no gain 268
no questions asked 219
no shit? 117

no surprise there 166
no sweat 71
nothing to show for
  it 68
nothing to speak of 69
nothing ventured,
  nothing gained 268
no time like the
  present 251
no time to waste/
  lose 171
not in a month
  of Sundays 131
not likely! 167
not much of a... 224
not my idea of... 224
not on your life 132
not on your nelly 132
no use 229
now and again 254
no way! 131
no way, José! 131
no wonder 117
no worries 124

O

odds and ends 179
odds and sods 179
offbeat 78
off one's face 234
off one's head 234
off the beaten track 65
off the cuff 244
off the radar 65
off the record 239
off the top of my
  head 244
(on) a cushy
  number 258
on a lucky run 247
on a tight deadline 252
on a winning streak 93
once a..., always a... 268

once bitten, twice
  shy 269
once in a blue
  moon 254
one man's loss is
  another man's gain 43
one man's meat is
  another man's
  poison 224
one picture is worth
  a thousand words 269
(one's) heart's in the right
  place 23
one size fits all 156
on its last legs 60
on the back burner 227
on the dole 257
on the never never 41
on the razzle 234
on welfare 257
open-and-shut case 169
out of control 54
out of sight, out of
  mind 269
out of the mouths of
  babes 99
out of this world 220
out on the town 234
over the moon 11

P

peace and quiet 15
people who live
  in glasshouses shouldn't
  throw stones 270
pet hate 224
pissing in the wind 73
play (your) cards close
  to (your) chest 240
pointless 229
point taken 128
preaching to the
  choir 72

preaching to the converted 72
presumably 121
pride goes before a fall 47
pull the other one 103
pull your socks up 88
put a sock in it 176

Q

quick as you like 171

R

ready to roll? 82
ready when you are 173
really? 117
retail therapy 36
right, right 132
rock-bottom price(s) 44
round the clock 255
rumour has it (that) 242
run-of-the-mill 223

S

same difference 74
same old, same old 74
saved by the bell 252
say no more 149
says who? 117
scot-free 218
search me 244
second-hand 60
see no evil, hear no evil, speak no evil 217
see you 107
serve yourself 111
sets my alarm bells ringing 16
set to happen 168
shall we get going? 107
shall we shake on that? 154

shame on you! 49
she'll be right 124
shit happens 202
sitting pretty 258
six of one, half a dozen of the other 222
skeletons in the cupboard/closet 240
slightly used 58
so long 107
sorry 112
spare me the details 139
speaking frankly 152
spin 102
spin doctor 102
spot on 127
state-of-the-art 220
stiff upper lip 15
still waters run deep 270
stingy 32
straight up 98
stuff 179
surprise, surprise 166
(sweet) fuck all 68
swings and roundabouts 222

T

take care 105
take it or leave it 142
take your time 173
talk/speak of the devil (and he appears) 270
tell me about it 243
tell me another one 103
that'll do 113
that means a lot to me 111
(that really) gets me going 16

(that really) gets my back up 16
(that really) gets my goat 16
(that really) gets on my nerves 17
that's (just) not good enough 161
(that's) just what the doctor ordered 126
that's life 150
that's my last offer 142
(that's) none of business 239
that's the pot calling the kettle black 160
(that) suits me 127
(that) suits me down to the ground 127
that's very kind of you 111
that takes the biscuit! 177
that won't/doesn't work for me 132
that works for me 124
the ball's in your court 143
the bee's knees 221
(the) best-kept secret 238
the best thing since sliced bread 89
the best things in life are free 43
the buck stops here 50
the calm after the storm 13
the dog's bollocks 221
the early bird catches the worm 252
the final straw 176
the going rate 45

the grass is always greener (on the other side) 265
the jury's still out (on that one) 244
the key question/issue 225
the last straw 176
the life and soul of the party 235
the light at the end of the tunnel 30
the lights are on but there's nobody home 28
the odd 254
the odds are... 163
(the) odds-on favourite(s) 164
the other man's grass is always greener 265
the real McCoy 221
the real thing 99
(there's) many a true word (spoken in jest) 98
(there's) never a dull moment 267
there's no hurry 173
there's no love lost between (name) and (name) 181
there's no place like home 270
(there's) no point 229
(there's) no point crying over spilt milk 268
(there's) no rush 173
there's no smoke without fire 271
there's nothing to it 72
there's only so much to say about... 69

(there's) room for improvement 161
(there's/we have) plenty of time 173
there you go 135
the right way (a) round 249
the right way up 250
(the) salt of the Earth 23
the straw that broke the camel's back 176
the thing is 143
(the) top end of the market 45
the walls have ears 241
(the) worst-kept secret 236
the wrong way around 249
they have all the luck 248
thick as a brick 28
this and that 179
(this place) rocks! 220
thrilled to bits 11
tight 32
tight-fisted 32
till death do us part 256
time and time again 254
timed out 171
time flies when you're having fun 252
time for a change 193
time heals all 253
time (just) flew by 256
time out 253
time stops for no man 253
time's up! 171
time will tell 253
T minus five 171
to answer (someone) back 113

to ask someone out 185
(to be) a bit slow on the uptake 28
(to be) a blast from the past 115
(to be) absolutely vital 225
(to be) a different kettle of fish 75
(to be) a doddle 71
(to be) a far cry (from something) 76
(to be) all talk and no action 61
(to be) an item 188
(to be) a no-brainer 71
(to be) a non-starter 96
(to be) an uphill struggle 73
(to be) a pain in the arse/ass/butt 25
(to be) a pain in the neck 25
(to be) a real catch 23
to bear/hold a grudge (about something/against somebody) 147
(to be) as high as a kite 231
(to be) as right as rain 55
(to be) as sick as a dog/parrot 56
(to be) as white as a feather 56
to beat about the bush 152
to beat it 85
(to be) at one's command 53
(to be) at the end of one's tether 174
(to be) a walkover 71

(to be) a wallflower 231
(to be) bad news 24
(to be) behind the times 59
(to be) beside oneself with anger 15
(to be) blown away 11
(to be) blunt 152
(to be) calm and collected 13
(to be) crazy/mad about someone 183
(to be) custom-built 155
(to be) custom-made 155
(to be) dating someone 185
(to be) dead on arrival 61
(to be) dead right 125
(to be) doable 162
(to be) done in 19
(to be) done to death 19
(to be) fit as a fiddle 55
(to be) flat broke 42
(to be) flat out 62
(to be) flavour of the month 90
(to be) frank 152
(to be) full of beans 21
(to be) generous to a fault 32
(to be) happy as a sandboy 11
(to be) honest 152
(to be) in deep shit 199
(to be) in deep water 199
(to be) in denial (about something) 100
(to be) in dire straits 199
(to be) in/on Shit Street 204
(to be) in pride of place 47
(to be) in the doldrums 12
(to be) joined at the hip 183
(to be) key 225
(to be) knackered 20
(to be) knee-high to a grasshopper 255
(to be) lippy 113
(to be) looking for blood 148
(to be) mad as a hatter 29
(to be) made for each other 188
(to be) made to measure 155
(to be) match fit 56
(to be) mean 32
(to be) miffed 18
(to be) more trouble than it's worth 201
(to be) much of a muchness 222
(to be) mutton dressed as lamb 59
(to be) neither here nor there 226
(to be) no big deal 230
(to be) nobody's fool 27
(to be) no fool 27
(to be) no skin off my nose 49
(to be) not a big deal 230
(to be) not bothered either way 227
(to be) not for the faint-hearted 201
(to be) nothing short of... 67
(to be) nothing to write home about 77
(to be) not likely 167
(to be) not negotiable 225
(to be) not open to debate 225
(to be) not short of a bob or two 40
(to be) not worth the bother 230
(to be) not worth the fuss 230
(to be) off form 94
(to be) of the utmost important 225
(to be) old hat 59
(to be) on a roll 93
(to be) on a tight budget 42
(to be) on board 153
(to be) on form 94
(to be) on the ball 27
(to be) on the cards 169
(to be) on the gravy train 37
(to be) on the level 98
(to be) on the lookout 191
(to be) onto something 27
(to be) open-handed 33
(to be) out for/after someone's blood 148
(to be) out of one's tree 29
(to be) over the hill 60
(to be) over the top 70
(to be) par for the course 77
(to be) past it 60
(to be) past one's sell-by date 60
(to be) pissed off 18

(to be) plain sailing 71
(to be) pooped 20
(to be) quick on the uptake 27
(to be) raring to go 21
(to be) really handy 61
(to be) really into something 221
(to be) rough and ready 156
(to be) sad-assed 12
(to be) seeing someone 185
(to be) shagged out 20
(to be) sold on something 154
(to be) spoilt for choice 70
(to be) stark raving mad 29
(to be) strapped for cash 42
(to be) tailor-made 155
(to be/to have) a hidden agenda 237
(to be/to have) nothing to do with it 227
(to be/to live in) a fool's paradise 259
(to be) tongue-tied 152
(to be) too little, too late 70
(to be) unfazed 13
(to be) unlikely 167
(to be) up for it 197
(to be) up shit creek 202
to bide one's time 209
to bite the bullet 211
to blow the whistle on somebody 215
to break even 90
to break up 190

to bring someone round 135
to bury the hatchet 145
to butt in 113
to call it quits 80
to call the shots 53
to calm down 14
to chat someone up 185
to cheat on somebody 188
to chew/eat the carpet 46
to chicken out 196
to chill out 14
to come in handy 61
to come round (to something) 134
to come through 93
to come through (in the end) 87
to come through/up with the goods 87
to come to terms with something 134
to come unstuck 200
to come up with the goods 90
to commit (oneself) to someone 187
to cough up 40
to cover costs 90
to cut corners 62
to cut it fine 170
to cut one's losses 83
to cut to the chase 81
to ditch 190
to do a deal 154
(to do) an about-face 192
to do the dirty work 258
to do the donkey work 258
to do the honours 109
to do the right thing 216

to do/to play something by the book 216
to drag one's heels (over/about something) 64
to drink like a fish 232
to drop 190
to drop a hint 242
to duck your responsibility 51
(to eat) humble pie 46
(to fall) head over heels 184
to fall in love with somebody 184
to fancy someone 184
(to feel) down in the dumps 12
to feel like a fish out of water 264
to feel under the weather 56
to fight a losing battle 96
to find one's feet 79
to fool around 188
to foot the bill 40
to forgive and forget 145
to get a foot in the door 82
to get a second opinion 137
to get a toehold 82
to get back together 189
to get divorced 190
to get down to brass tacks 81
to get down to brass tacks 151
to get down to business 81
to get engaged 187
to get even 80

(to get/give/have) a new lease of/on life   20
to get going   85
to get hitched   187
to get it together   87
to get laid   186
to get married   187
to get moving   85
to get off with someone   186
to get one's act together   87
to get one's head around something   134
to get one's shit together   87
to get on like a house on fire   182
to get on with somebody   182
to get out of bed on the wrong side   17
to get separated   190
to get some action   186
to get together   187
to get to the point   151
to give credit where it's due   157
(to give) no quarter   148
to give (someone) a P45   190
to give someone lip   113
to give (someone) one's due   157
to go ballistic   17
to go bananas   17
to go Dutch   33
to go from bad to worse   88
to go haywire   54
to go nuclear   17
to go on a binge   232
to go on a spree   36

to go out with someone   185
to go pear-shaped   189
to go public   236
to go steady with somebody   187
to go through a rough patch   200
to go too far   69
to go to pot   88
to go to the dogs   88
to go your own way(s)   190
to grasp the nettle   211
to hang around   85
to hang fire   209
to hang on in there   198
to hang out   86
to have a ball   233
to have a blast/riot   233
to have a chip on someone's shoulder   147
to have a deal   154
to have a heart of gold   23
to have a hole in one's pocket   36
to have a whale of a time   233
to have a windfall   38
to have it off with someone   186
to have money to burn   37
to have no problem with that   125
(to have) no strings   191
to have shit for brains   28
to have the hots for someone   183
(to have) the luck of the Irish   247

(to have/to get) a lucky break   246
to hedge one's bets   178
to hit an obstacle/a rock   200
to hit on (someone)   186
to hit the hay   19
to hit the nail on the head   125
to hit the sack   19
to hog someone   114
to hog something   114
to hold someone accountable (for something)   50
to hold the fort   86
to hook up (with somebody)   233
to jump at the chance   197
to jump on the bandwagon   92
to jump the gun   170
to jump the queue   114
to keep it zipped   239
to keep something under your hat   239
to kid/fool (oneself/someone)   100
to kill the goose that lays the golden eggs   38
to kiss and make up   189
to knock something on the head   130
to knuckle down   212
to let bygones be bygones   146
to let go   191
to let the cat out of the bag   237
to live in cloud-cuckoo-land   266
to look the other way   52
to loosen up   14

to lose face 48
to lose one's rag 18
to lose your head over someone 184
to make a fast buck 38
to make a killing 38
to make a living 39
to make a loss 41
to make a mountain out of a molehill 226
to make an effort 212
to make a pass at 186
to make a play for 186
to make a profit 90
to make do 42
to make ends meet 42
to make good 93
to make good money 39
to make tracks 85
to make up 189
to meet someone halfway 153
to meet the/a challenge 213
to mend our/their fences 145
to mind the shop 86
to move on 121
to name and shame 49
to not (have) a cat in hell's chance 168
to not (have) a snowball's chance in hell 168
to not miss a trick 27
to not settle for less 138
to not take no for an answer 138
too bad 248
too close for comfort 66
too close to call 66
too many chiefs and not enough indians 70
too many cooks (spoil the broth) 70

to overstep the mark 69
to paint the town red 234
to pass the buck 51
to patch things up 189
to pay lip service (to something) 101
to pick someone up 185
to pin the blame (on somebody) 52
to piss off 85
to play a blinder 94
to play around 188
to play it by ear 213
to pluck up the courage 197
top of the range 45
topsy turvy 250
to pull someone's leg 101
to pull the wool over your/their eyes 101
to put it mildly 151
to put one's finger on something 128
to put one's thinking cap 133
to put (something) to bed 84
to rake it in 38
to reach/make a compromise 153
to read between the lines 28
to rethink the strategy 193
to rise to the challenge 213
to run into a problem 202
to run into a snag 202
to run rings round someone 94

to run something past/by someone 138
to save face 48
to save it for a rainy day 239
to save (something) for a rainy day 34
to score with someone 186
to screw something up 202
to see eye to eye 183
to seize the day 213
to sell like hot cakes 94
to set the world on fire 21
to settle down 14
to shove off 85
to show (someone) the ropes 79
to sing from the same hymn sheet 126
to sit on the fence 136
to sleep on something 133
to smoke the pipe of peace 145
to spend like a sailor 36
to spend like there's no tomorrow 36
to spill the beans 237
to spin a job out 64
to split the bill 33
to split up 190
to squirrel (money/something) away 34
to stab someone in the back 219
to stay put 86
to step up to the plate 198
to stick around 85

to stick to one's
    guns   198
to strike a deal   154
to strike the jackpot   247
to strike while
    the iron is hot   214
to suffer a setback   200
to swallow your
    pride   46
to take a hint   242
to take it in turns   113
to take it on the
    chin   198
to take off   85
to take someone to
    the cleaners   95
to take something
    as it comes   213
to take something with
    a pinch of salt   103
to take the credit
    (for something)   159
to take the rap
    (for something)   52
to talk someone into
    something   135
to talk something
    over   189
to tell you the truth   99
to think outside the
    box   78
to throw in the
    towel   97
to throw the book at
    somebody   160
to tip the nod   241
to tip the wink   241
to toil away   258
to top it all off   177
to try it on with   186
to turn a blind eye   218
to turn a blind eye
    (to something)   52

to turn everything
    upside down   192
to turn over a new
    leaf   146
to unwind   14
to walk the plank   258
to wash one's dirty linen
    in public   241
to weather the
    storm   198
to win hands down   95
to wipe/sweep the board
    with someone   95
to work one's
    arse/butt/balls off   258
to work one's fingers to
    the bone   258
to work one's guts
    out   258
to work to a tight
    budget   42
true   133
truth to tell   99
truth will out   99
Tweedledum and
    Tweedledee   75
two vouchers short of a
    pop-up toaster   28

U

under control   54
under the influence   235
under the table   219
until the cows
    come home   256
upbeat   30
up-market   45
upside down   250
useless   229

V

value for money   44

W

wait/just a minute   210
waste not, want not   35
way to go!   159
we go back a long
    time   256
we go way back   256
well done   157
well, I mustn't keep
    you   108
well, I never!   117
well, I won't keep
    you   108
we'll live to regret
    that   207
we really must get
    together some
    time   108
we really must meet up
    some time   108
we're even   80
we're going to have to
    look into that   210
we're going to have to
    think about that   210
we're quits   80
what about...?   140
what a cock-up   204
what a drag!   224
(what a) load of
    crap   161
what goes around, comes
    around   207
what if...?   141
what I mean is   122
what's good for
    the goose is good
    for the gander   271
what's it to you?   118
what's that (got) to do
    with it?   227
what's the big deal?   118
what's the crack?   105

what's the snag? 204
what's up? 105
what was I saying? 122
what was that again? 122
what with one thing and another 179
what would you say if...? 141
when all's said and done 150
when in Rome, do as the Romans do 271
when the shit hits the fan 237
when you're ready 173
where's the catch? 204
where was I? 122
while the cat's away, the mice will play 272
who would've thought (it)? 118
will that do? 113
wine, women and song 235
win some, lose some 248
with hindsight 253
wouldn't you know? 248
would you mind? 109

Y

ye of little faith! 48
you can lead a horse to water (but you can't make him/it drink) 272
(you) can't go wrong 124
you can't judge a book by its cover 272
(you) can't teach an old dog new tricks 262
you can't win them all 248
you deserve no less 158
you don't say! 118
you got up early this morning, didn't you? 28
you must be joking 118
you're in luck 246
you're joking 103
you're out of luck 248
you're putting me on 103
you're telling me! 127
your lucky day 246
you've earned it 158
you've got a point (there) 128
you win a few, you lose a few 97

24/7 255

1ª edição agosto de 2013 | **1ª reimpressão** maio de 2015
Diagramação: Triall | **Fonte:** Celeste
Papel: Offset 75 g/m² | **Impressão e acabamento:** Yangraf